平台经济发展与个人信息保护

实践反思与制度前瞻

Platform Economy Development and
Personal Information Protection
Practice Reflection and System Foresight

周辉　虞伟｜主编
王俊　张心宇｜副主编

中国社会科学出版社

图书在版编目（CIP）数据

平台经济发展与个人信息保护：实践反思与制度前瞻／周辉等主编．
—北京：中国社会科学出版社，2023.8
ISBN 978-7-5227-2349-5

Ⅰ.①平… Ⅱ.①周… Ⅲ.①网络经济—经济发展—研究—中国
②个人信息—法律保护—研究—中国 Ⅳ.①F492②D923.74

中国国家版本馆 CIP 数据核字(2023)第 147061 号

出 版 人 赵剑英
责任编辑 许 琳 周怡冰
责任校对 鲁 明
责任印制 郝美娜

出 版 中国社会科学出版社
社 址 北京鼓楼西大街甲 158 号
邮 编 100720
网 址 http://www.csspw.cn
发 行 部 010-84083685
门 市 部 010-84029450
经 销 新华书店及其他书店

印刷装订 北京市十月印刷有限公司
版 次 2023 年 8 月第 1 版
印 次 2023 年 8 月第 1 次印刷

开 本 710×1000 1/16
印 张 11.5
插 页 2
字 数 178 千字
定 价 68.00 元

序 言

承载个人信息的数据是新型生产要素权益保护和供给的重要方面，平台是个人信息保护治理和数字经济创新的重要主体。

2021 年出台的《个人信息保护法》，系统构建个人信息保护和数据处理的制度机制，突出互联网平台在个人信息处理活动中的主体责任，向世界贡献了统筹平台经济规范健康发展与个人信息有效保护的中国法治方案。《个人信息保护法》实施以来，个人信息处理活动规范水平不断提升，个人信息侵权违法犯罪整治打击成效显著，互联网平台的个人信息治理效能也广受关注。

互联网平台在数字经济发展全局和个人信息保护中的角色、使命日益突显。保护个人信息离不开互联网平台的积极作为，保护个人信息也会反哺促进平台经济发展行稳致远、增强社会乃至国际信任，进而提高企业的国际竞争力。

互联网平台的跨国性，使得平台的治理效应可以越过主权国家疆域，产生实际的域外效力。欧盟《通用数据保护条例》很大程度上是借助国际平台巨头产生越来越广泛的“布鲁塞尔效应”[①]。因此，平台经济的个人信息保护规则和治理机制也是国家规则话语权的重要体现。

---

① Bradford Anu, *The BrusselsEffect: How the European Union Rules the World*, Oxford University Press, 2020.

基于对个人信息保护、平台经济的长期研究，我们研发了“守门人”社会责任指标体系，并于《个人信息保护法》实施一周年之际，在中国社会科学院法学研究所主办、南方财经全媒体集团承办的“《个人信息保护法》实施一周年实践与展望”高峰论坛上，发布了“守门人”个人信息保护社会责任测评报告。

引入大型调研、搭建科学指标、进行实际测评，这在个人信息保护领域的法学研究中是比较少见的。因此，本书除了深入阐释最新法律政策进展和理论学术成果，还进一步展示了“守门人”个人信息保护社会责任测评报告形成过程中的大量实证分析和扎实调研素材。

整体来看，本书的突出特点体现在以下三个方面：注重实证研究，对大型互联网平台个人信息保护社会责任进行评测考察；运用技术思维，分析通过合规科技发展更好赋能个人信息保护；坚持未来面向，有效平衡平台经济发展与个人信息保护，以求建立更加稳固的法治框架，充分发挥个人信息数据蕴含的潜力动能，推动平台经济更好更快发展。

本书初稿于2022年12月写就。在初稿到出版这段时间内，我们又看到了个人信息保护配套制度的不断完善。《数据出境安全评估办法》《个人信息出境标准合同办法》等相继出台，进一步细化了数据跨境传输制度体系；《个人信息保护合规审计管理办法（征求意见稿）》将为企业的个人信息保护合规审计工作提供具体操作指引；《人脸识别技术应用安全管理规定（试行）（征求意见稿）》回应了人脸信息滥采滥用的焦点问题，对人脸识别技术应用作出规范设计。

我们期待，本书可以为平台经济治理与个人信息保护的法律政策制定、监管执法和学术研究，提供鲜活的国情数据和有益的思路借鉴。我们更期待，能够通过本书与学界和产业界进行更深入的对话、争鸣，形成更具现实价值的互联网平台企业个人信息保护的合规方案。

今年时值中国社会科学院法学研究所成立网络与信息法研究室这一建制性交叉学科部门五周年。五年来，我们团队先后出版了《人工智能治理：场景、原则与规则》《互联网平台治理研究》《数据要素市场的法治化：原理与实践》，形成“网络与信息法治三部曲：平台法治、数据法治、智能法治”的系列丛书。同期，我们也起草了世界范围内首部人工智能法示范法。

面向未来，紧追新技术不断进步、新业态不断发展的趋势，我们也将会进一步呈现不断迭代的研究成果，为中国特色网络与信息法学学科体系、学术体系、话语体系作出更大的贡献。

周　辉

2023 年 8 月 8 日

前　言

伴随着数字经济发展，对个人信息的采集和利用成为一种“刚需”。个人信息保护不断涌现出新问题，随意收集、违法获取、过度使用、非法买卖等情况“野火烧不尽”。信息数据的挖掘利用与个人信息保护之间张力扩大，亟须专门法律对个人信息处理活动提供规范样本。

其实，对于个人信息保护问题的制度性回应，自20世纪六七十年代计算机普及应用起业已受到重视，原本属于私法领域的“隐私权”走出小空间，逐渐步入公法领域，全球范围内开始探索个人信息保护立法。

当时间来到互联网时代，互联共享的发展理念创造巨大红利，带来更便利、更快捷、更丰富的社会生活方式，惠及每一个触网的个体。不过“馈赠”的礼物早已暗中标好了价格，在疾驰互联网时代的后半程，“代价”逐渐显现。

让渡部分个人信息作为实现便利生活的对价，是互联网的市场逻辑。平台企业提供的“零价服务”依赖于用户信息，个人信息是最重要的原材料，其叠加累积形成的大数据，成为平台企业竞争的关键，帮助企业预测、营销、决策、发展、竞争，创造利润、改善服务。所谓的流量争夺，背后是用户以及用户个人信息的争夺之战。有争夺便会有损害，违法违规或过度收集个人信息、滥用个人信息情况伴生，并逐渐不受约束。

手机 APP 收集的定位、通讯录，路过商店被拍下的照片，消费填写的表单，超出授权的个人数据共享，信用卡欺诈，大数据杀熟……我们的脸、声音、数字轨迹，被各个主体收集，在察觉不到的地方被处理、使用。

让渡个人信息几乎成为当代生活的宿命，也带来了越来越突出的讨论：个人信息保护与大数据利用、数字经济发展之间究竟该如何平衡。

于是，关于个人信息保护立法在世界各地如火如荼地展开，人类社会需要新的隐私保护方案。目前，已经有超过 128 个国家通过立法保护个人信息和隐私。欧盟《通用数据保护条例》、美国加利福尼亚州《隐私保护法》的出台，在国际上颇具影响力。

我国《个人信息保护法》的立法历程横跨 18 年。早在 2003 年，原国务院信息化办公室部署立法研究工作，2005 年，相关学者完成《个人信息保护法（专家建议稿)》，但受到机构改革、立法资源制约等多重因素影响，《个人信息保护法》的立法工作一度陷入停滞。

2016 年 8 月，山东女大学生徐玉玉被诈骗电话骗走上大学学费后，心脏骤停离世。个人信息泄露以生命为代价，实在过于沉重。这起事件成为个人信息保护立法中的一个重要节点，加速了立法进程。2017 年，受全国人大法工委和中央网信办委托，中国社会科学院法学研究所副所长、研究员周汉华起草了《个人信息保护法（专家建议稿)》。[①] 2018 年，《个人信息保护法》被纳入十三届全国人大常委会立法规划；相关的部门规章、标准规范也纷纷出台，填补

---

① 参见王俊、张雅婷、郭美婷、周辉《个人信息保护法企业合规启示报告》，《网络信息法学研究》2021 年第 2 期。

了国内个人信息保护在具体实践标准上的空白。

2020 年 10 月，十三届全国人大常委会第二十二次会议对《个人信息保护法（草案)》进行首次审议，至 2021 年 8 月 17 日，《个人信息保护法（草案)》进入三审。同年 8 月 20 日，《个人信息保护法》由十三届全国人大常委会第三十次会议表决通过，并于 2021 年 11 月 1 日起施行。

《个人信息保护法》作为我国首部专门的个人信息保护方面的法律，可谓是千呼万唤始出来。此前，尽管民法、刑法等法律中都有针对个人信息保护的规定，但条文分散。《个人信息保护法》在这些规范的基础上形成了具备系统性、针对性、可操作性的完备的专门规范体系，解决了个人信息保护立法缺失、零散的沉疴。

《个人信息保护法》共 8 章 74 条，细化、完善了个人信息保护应遵循的原则和个人信息处理规则，明确了个人信息处理活动中的权利义务边界，健全了个人信息保护工作体制机制，彰显了“以人民为中心”的立法理念，是中国迈入数字化社会的法律制度里程碑，也是中国为全球数字治理贡献的中国方案。

《个人信息保护法》规定的以“告知—同意”为核心的个人信息处理规则、个人信息处理活动中个人的权利和处理者的义务、大型网络平台的特别义务、国家机关处理个人信息的规范等是该法的立法重点，也是本书重点关注的法律制度。此外，从写作手法上，本书侧重实务与理论结合，借助实证方法与手段，采取问卷调查、测评等方式，观察《个人信息保护法》实施一年来对公众生活、平台企业发展的影响。全书共六篇，分别为：“权益篇：平台经济时代的个人信息权益的保护与行使”；“规则篇：个人信息处理的重点规则”；“义务篇：大型网络平台个人信息保护特别义务”；“实证篇：大型网络平台个人信息保护社会责任测评”；“技术篇：个人信息保护的技术治理”；“展望篇：平台经济与个人信息保护的平衡之道”。

第一，“权益篇：平台经济时代的个人信息权益的保护与行使”聚焦平台经济时代个人信息权利的确立和实现问题。平台企业作为个人信息处理主体，在信息处理活动中具有天然的优势地位。因此，对于个人而言，《个人信息保护法》赋予个人查阅、复制、可携带、更正、删除等权利，使得个人在面对信息处理者时，拥有与平台企业相抗衡的“武器”；而对于企业而言，《个人信息保护法》“迫使”企业重塑处理个人信息的逻辑、调整业务线，以灵活和准确地响应数据主体访问查询、同意、更正、删除、数据迁移等要求。本篇将回顾平台经济发展给个人信息保护带来的挑战，从理论与实证的角度来厘清个人信息权益界定和实现的难点；运用问卷调查等方式展现公众对个人信息权利的认知，以及个人在信息处理活动中的体验，以期更加客观地呈现《个人信息保护法》规定的个人信息权益保护的落实情况。

第二，“规则篇：个人信息处理的重点规则”聚焦平台的个人信息处理规则与适用。个人信息的有效利用是平台企业与传统企业之间的重大区别，《个人信息保护法》对平台企业个人信息保护提出了明确的要求，纠正平台与用户之间的不对称地位；通过网络平台个人信息处理规则等相关制度设计，进一步落实平台主体责任，化解平台个人信息保护困境，达到既保障个人信息权益又实现个人信息有序流动的目的。

第三，“义务篇：大型网络平台个人信息保护特别义务”关注大型网络平台在个人信息保护方面具有的特别义务及其实践。《个人信息保护法》第五十八条是该法的一大亮点，抓住了互联网治理的关键和核心环节，大大提升了个人信息保护的水平线，而由于第五十八条规定得较为简略，目前在理解与适用上还存在不少问题和争论。本篇将对大型网络平台扮演的特殊角色进行分析，并结合《个人信息保护法》实施后大型网络平台的实践，观察第五十八条规定的大型网络平台特别义务在实践中的演进。

第四，“实证篇：大型网络平台个人信息保护社会责任测评”对大型网络平台个人信息保护社会责任进行实证考察。本篇采用了由南方财经集团与中国社会科学院法学所共同组建的课题组研发的“大型网络平台个人信息保护社会责任指标体系”。该指标体系为大型网络平台提供了系统、全面的细则指引，引导大型网络平台在社会责任报告中针对《个人信息保护法》第五十八条原则性规定形成相对具体、细化的标准，以完成向社会公众在个人信息保护方面的披露义务，履行数字经济发展时期的特别义务。本篇对指标体系的设计思路、详细标准、评分体系进行了详解，同时公布了18家大型网络平台企业的测评结果。

第五，“技术篇：个人信息保护的技术治理”探讨了如何通过技术实现个人信息保护的问题，包括：（1）合规科技发展更好赋能个人信息保护；（2）厘清《个人信息保护法》提出的“匿名化”“去标识化”之间的区分和适用，将平台个人信息保护责任更好得落到实处；（3）通过数字技术在企业合规管理的有效应用，实现技术应用能力与业务管理发展相辅相成，共同促进企业的合规水平。

第六，“展望篇：平台经济与个人信息保护的平衡之道”探讨了如何平衡平台经济发展与个人信息保护这一看似“两难”的问题。2022年12月19日，《中共中央　国务院关于构建数据基础制度更好发挥数据要素作用的意见》（以下简称《数据二十条》）发布，对我国数据要素市场建设起了“指南针”作用。《数据二十条》明确提出要以维护国家数据安全、保护个人信息和商业秘密为前提，将个人信息提到重要位置。在建立保障权益、合规利用的数据产权制度上，《数据二十条》要求建立健全个人信息数据确权授权机制，一方面提高对个人信息保护的力度，另一方面提出要“促进个人信息合理利用”。对个人信息数据的保护和合理利用，是发挥数据要素价值、促进公民共享数字经济发展红利的必经之路。

在个人以及个人生活被不断代码化、程序化、数据化过程中，对个人信息权利以及人格权的坚持变得尤为可贵，正如《个人信息保护法》开篇所言，“为了保护个人信息权益”，对个人的尊重是数字时代的底线。

“徒法不足以自行”，立法只是第一步，法律的生命力在于实施，《个人信息保护法》需要司法和执法的接力，才能真正落地生根；需要持续完善相关配套制度，巩固个人信息保护机制；也需要企业自身“刀刃向内”，完善合规体系，寻求新的出路与解法。同时，各方主体需要对个人信息的合理利用进行探索和实践，在安全的前提、个人信息权益保障的前提下，充分发挥个人信息数据蕴含的巨大的潜力和发展动能。

目　　录

第一章

权益篇：平台经济时代的个人信息权益的保护与行使

在数字经济时代，新兴经济模式平台经济已嵌入日常生活的方方面面。以数据为关键生产要素、以现代网络为重要载体的平台经济，在不断进步的信息通信技术的推动下，提升经济效率，优化经济结构，代表先进生产力的发展方向。[①] 数据作为驱动力，平台经济的产品服务、商业模式从海量的个人信息使用中受益，与此同时，对个人信息的权利保护缺位、个人信息滥用问题越发受到关注。

当前，平台经济已告别“野蛮生长”时期，进入规范健康发展的新发展阶段。加强个人信息保护、保障数据安全是平台经济进入新发展阶段的主要特征。通过给用户侧赋权来缓解平台“数据权力”扩张成为实现平台经济规范健康发展的有效措施。

《个人信息保护法》在法律层面确立了制度原则和基本框架。《个人信息保护法》明确“个人信息权益”的概念[②]，将“保护个人信息权益”作为首要立法目的；《个人信息保护法》第二条规定“自然人的个人信息受法律保护，任何组织、个人不得侵害自然人的个人信息权益”，凸显了“个人信息权益”在法律适用与解释中的提纲挈领与原则指引作用。[③]《个人信息保护法》明确包括知情权、决定权、删除权等个人信息权益，更加严格地规定了敏感个人

---

① 时建中：《促进平台经济在规范中发展》，《经济日报》2021 年 9 月 30 日第 4 版。

② 王俊：《专访程啸：个保法落地，常态执法、事前监督、事后处罚均需推进》，《21 世纪经济报道》，https：//m. 21jingji. com/article/20221031/herald/bddde4775f78e928bd871be723c7c0ab. html。

③ 王锡锌：《个人信息权益的三层构造及保护机制》，《现代法学》2021 年第 5 期。

信息的范围和处理规则。对于社会反映强烈的胁迫用户同意处理个人信息、“大数据杀熟”和非法买卖、提供或者公开他人个人信息等违法行为明确了法律责任。[①] 专章规定个人在个人信息处理活动中的权利，明确个人在信息处理活动中对于个人信息的支配地位。

作为个人信息处理者的平台，在个人信息处理过程中，因掌握海量数据资源和数据处理技术“黑箱”，自然地演变为事实上的“数据权力”（data power）拥有者[②]。在平台面前，个人在个人信息处理过程中只是一个孤立的信息个体，没有能力“打开黑箱”，同时个人信息处理的“知情—决定”模式在实务操作中极易流于形式，因此，个人基本处于被动地位。对此，《个人信息保护法》明确规定个人的查阅、复制、可携带、更正、删除等权利，并将责任压实到个人信息处理者——平台之上。由此，个人信息处理者亟须重塑对个人信息的处理逻辑。

观念的转变需要时间，信息处理模式的变革也需要成本，本篇将从理论与实证的角度来厘清个人信息权益概念，探讨个人信息权益保护实践中的难点。值得注意的是，本篇采用问卷调查的方式，展现了个人主体对信息权利的认知以及在个人信息处理过程中的体验，以期以大样本的方式反映当前个人信息权益落实的现实情况。

一　平台经济新发展

在党的二十大报告中，习近平总书记明确指出要“加强个人信

① 周辉：《依法切实保护个人信息权益》，《人民日报》2021年11月11日第9版。
② 王锡锌：《个人信息权益的三层构造及保护机制》，《现代法学》2021年第5期。

息保护”①。作为当前个人信息的最大“入口”和收集者，平台是落实个人信息保护要求的关键节点。平台经济应在保护个人信息的前提下健康有序发展。

（一）平台经济发展脉络

根据2021年2月《国务院反垄断委员会关于平台经济领域的反垄断指南》的定义，平台是指通过网络信息技术，使相互依赖的双边或者多边主体在特定载体提供的规则下交互，以此共同创造价值的商业组织形态。平台经济的诞生受益于网络信息技术和互联网的商业化发展。从20世纪80年代起互联网开始“飞入寻常百姓家”，美国以国防部主导的“阿帕网”（ARPAnet）经科研、教育网的发展阶段开始转为全民共享的互联网。20世纪90年代初，美国一马当先制定了“信息高速公路”战略，互联网商业化浪潮开始翻涌。中国也抓住机遇赶上了互联网发展大潮，1994年4月20日，中国全功能接入互联网，成为国际互联网大家庭中的成员。1995年，中国互联网领跑者“瀛海威”在中关村南大街竖立起一块著名的广告牌：“中国人离信息高速路还有多远？向北1500米。”自此，中国互联网开启了一个崭新时代。

互联网可以直接提高信息交换的效率、降低交换成本，随着计算机的快速普及和互联网的爆炸性发展，越来越多的信息被电子化、数字化后放置于网络之上，互联网开始逐渐融入社会的方方面面。

---

① 习近平：《高举中国特色社会主义伟大旗帜 为全面建设社会主义现代化国家而团结奋斗》（2022年10月16日），《人民日报》2022年10月17日第2版。

1994—2008 年是中国平台经济的起步阶段，以 PC 端互联网发展，门户网站（以搜狐为典型代表）、电商网站（以淘宝网为典型代表）等互联网应用为主要特征。这一阶段，互联网平台的核心作用主要体现在连接双边市场、促进信息沟通、降低交易成本等方面，平台盈利模式较为单一，主要是广告，其市场影响尚未明显体现。①

2008—2015 年是中国平台经济发展的新阶段。2008 年，互联网用户基数发生量变，全球网民突破 15 亿，普及率突破 20%，中国网民用户数跃居世界第一；智能手机的普及促使互联网发展从 PC 端转向移动端，微博、微信、WhatsApp 等移动端应用如雨后春笋。这一阶段，互联网大型企业在搜索引擎、电子商务、社交网络、网络游戏等领域的领先格局基本形成，各企业纷纷开始通过开放平台资源形成商业生态的模式以加强其核心优势。

2015 年后，互联网用户基数又迎来一个节点，平台经济进入超级平台阶段。2016 年，全球网民达到 35 亿，普及率接近 50%。苹果、谷歌、Facebook 等一批互联网巨头市值突破 5000 亿美元；在中国，随着“互联网 +”行动计划的出台，互联网平台与传统产业的融合加速，BAT 等传统平台企业已发展成为超级互联网生态企业，通过资本运作、战略合作、流量开放等手段将触角深入各个领域。

（二）平台经济业务模式下的个人信息保护问题凸显

平台企业的崛起，是以数据为驱动力，算法、算力等技术为支

① 中国信息通信研究院：《互联网平台治理白皮书（2017）》，http：//www. caict. ac. cn/kxyj/qwfb/bps/201804/P020171213443451507670. pdf。

撑的。平台借助其数据集合体的地位与快速收集、处理数据的技术优势，通过有效的分析、决策数据的投入利用加之算法等的结合，将分析结果应用于市场经营策略，以取得一定市场影响或优势地位。[①] 个人信息因其具有极高数据化价值而备受产业和管理机构的青睐。[②] 企业的竞争力越来越多地依赖于及时获得有关数据和利用这些数据开发新的创新应用程序和产品的能力。[③] 数据资源成为新型资源，数据资产一定程度上成为物理资产的替代品。

在平台经济初始、快速发展时期，我国对平台企业主要采取"包容审慎"的监管政策。2016 年 5 月，国务院印发《2016 年推进简政放权放管结合优化服务改革工作要点》，要求"探索审慎监管"，即对一时看不准的"互联网 +"和分享经济的新业态，"可先监测分析、包容发展"，而对潜在风险大的，"要严格加强监管"。[④] 对个人信息相对低的保护程度，一定意义上有利于创新的活跃。[⑤] 对数字经济的立法仍较为谨慎，给予平台创新窗口期。有代表性的观点认为，尽管加强个人信息保护已经成为社会共识，但个人信息保护极具争议，其基本理论问题难以定论，因此应当保持立法上的谨慎。[⑥]

---

① 杨东：《论反垄断法的重构：应对数字经济的挑战》，《中国法学》2020 年第 3 期。

② 龙卫球：《〈个人信息保护法〉的基本法定位与保护功能——基于新法体系形成及其展开的分析》，《现代法学》2021 年第 5 期。

③ See European Commission，Competition Policy for the Digital Era，p. 73.

④ 刘权：《数字经济视域下包容审慎监管的法治逻辑》，《法学研究》2022 年第 4 期。

⑤ 黄益平：《平台经济的机会与挑战》，https：//www. nsd. pku. edu. cn/sylm/gd/518108. htm。

⑥ 参见周汉华《中华人民共和国个人信息保护法（专家建议稿）及立法研究报告》，法律出版社 2006 年版，第 39—48 页；王利明《论个人信息权的法律保护——以个人信息权与隐私权的界分为中心》，《现代法学》2013 年第 4 期；张新宝《从隐私到个人信息：利益再衡量的理论与制度安排》，《中国法学》2015 年第 3 期；丁晓东《个人信息保护：原理与实践》，法律出版社 2021 年版，第 1 页。

伴随着数字化、网络化、智能化加速推进，个人信息处理活动愈发普遍，处理场景日趋多元、处理类型愈发复杂。同时，个人信息权益受侵害、个人信息被滥用等问题凸显出来，个人信息保护发展成为广大人民群众最关心、最直接、最现实的利益问题之一。对此，社会各界对出台专门的个人信息保护立法呼声日趋高涨。2018年起，全国人大常委会法工委会同中央网信办起草个人信息保护法草案，经反复研究修改，历经三次审议，于2021年8月20日公布《中华人民共和国个人信息保护法》。《个人信息保护法》设专章规定个人在个人信息处理活动中的权利，如知情、决定、查阅、复制、删除、可携带等权利，有学者认为这是通过制度性保障赋予个人的工具性权利，[①] 而赋予用户特定个人信息权利被视为缓解和纠正平台和用户间权利失衡的长效之策。

二　个人信息权益保护面临的困境与争议

（一）用户个人信息权利的分类

习近平总书记强调："网信事业发展必须贯彻以人民为中心的发展思想，把增进人民福祉作为信息化发展的出发点和落脚点，让人民群众在信息化发展中有更多获得感、幸福感、安全感。"[②] 随着新技术、新业态、新应用不断涌现，以电子等形式记录的个人信息大量产生，个人信息安全和个人隐私能否得到切实保护是人民群众

① 王锡锌：《重思个人信息权利束的保障机制：行政监管还是民事诉讼》，《法学研究》2022年第5期。

② 《习近平关于网络强国论述摘编》，中央文献出版社2021年版，第25页。

普遍关心的重要问题。

《个人信息保护法》坚持以人民为中心，全面调整、规范各类主体的个人信息处理活动，以专章形式规定了个人在个人信息处理活动中的权利。规定在个人信息活动中，个人享有知情权、决定权、查阅权、复制权、可携带权、更正权、删除权。

知情权是指个人信息主体有了解相关个人信息处理活动真实情况的权利。决定权主要是指个人信息主体可以自主选择或者拒绝其他主体对其所属的个人信息进行处理活动的权利。查阅权、复制权即指个人有权向个人信息处理者查阅、复制其个人信息。个人在个人信息处理活动中享有可携带权，即在符合规范的条件下，允许个人信息主体从个人信息处理者处获取其所收集的个人信息，并且可以将个人信息转移至其指定的第三方个人信息处理者处，原个人信息处理者应响应个人信息主体的要求，提供适当的转移渠道。个人发现其个人信息不准确或者不完整的，有权请求个人信息处理者更正、补充。更正权即个人请求更正、补充其个人信息的权利，个人信息处理者应当对其个人信息予以核实，并及时更正、补充。删除权即在个人信息处理目的已实现、无法实现或者为实现处理目的不再必要；个人信息处理者停止提供产品或者服务，或者保存期限已届满；个人撤回同意；个人信息处理者违反法律、行政法规或者违反约定处理个人信息，以及法律、行政法规规定的其他情形下，个人信息处理者应当履行主动删除个人信息的义务，如果个人信息处理者未主动删除，个人则享有要求个人信息处理者删除个人信息的权利。

同时，在上述权利之外，《个人信息保护法》第四十八条指出个人有权要求个人信息处理者对其个人信息处理规则进行解释说明，以应对个人信息处理活动专业性较高、隐私政策文本冗长复杂的情况；第四十九条明确死者的个人信息属于《个人信息保护法》的规范范围；第五十条明确个人信息处理者应配合个人行使权利并建立相应的申请受理和处理机制，拒绝个人行使权利的请求的，个人信息处理者应当说明理由，个人也可向人民法院提起诉讼。

（二）用户个人信息权利实现面临的困境

在《个人信息保护法》颁布前，《民法典》《网络安全法》《消费者权益保护法》等已对个人信息相关的个人权利作出部分规定。基本围绕“告知—同意”原则，规定了个人信息主体拥有知情权，未经同意不被收集、使用个人信息的权利。此外，国家标准《信息安全技术个人信息安全规范》（GB/T 35273－2020），也明确了查询、更正、补充、删除、撤回授权同意、注销账户、获取个人信息副本、被响应等个人信息主体权利。

《个人信息保护法》规定了个人在信息处理活动中的权利。使用“个人在个人信息处理活动中的权利”的表述，主要考虑到我国《网络安全法》《民法典》以及国际相关立法主要通过赋予个人对其个人信息处理的知情权、决定权的方式保障其个人信息。《个人信息保护法》将知情权、决定权作为个人在个人信息处理活动中的基础性、概括性权利，其中知情权包括处理个人信息前的告知、要求个人信息处理者公开处理规则，以及规定的查阅复制权、规则解释说明权等权利；决定权包括对个人信息处理的同意权、拒绝权、同意的撤回权，以及可携带权，更正补充权，删除权等权利。①

① 参见杨合庆《中华人民共和国个人信息保护法释义》，法律出版社 2022 年版，第 113 页。

不过，个人权利能否得到实现、信息不平等问题能否得到解决，仍是个人信息保护实践中的难题。

1. 权利范围界定之争

《个人信息保护法》专设第四章，通过第四十四条至第五十条对个人在个人信息处理活动中的权利做了更加清晰的界定。规定了个人在个人信息处理活动中享有：对个人信息处理的知情权与决定权、查阅复制权、可携带权、更正补充权、删除权等。并且为维护死者的近亲属的合法、正当利益，《个人信息保护法》还规定，自然人死亡的，其近亲属为了自身的合法、正当利益，可以对死者的相关个人信息行使本章规定的查阅、复制、更正、删除等权利；死者生前另有安排的除外。

不过，法律规定具有抽象性，需要通过相应的法规规章以及标准等加以细化，使之具有可操作性。“唯品会案”即在一定程度上反映了司法实践中个人信息权利范围难以界定的问题。

2021 年 3 月 1 日，电商平台“唯品会”一用户周女士拨通了客服电话，称其母亲接到陌生来电，对方对周女士购物留下来的个人信息有所了解，出于对个人信息泄露的担忧，周女士希望唯品会告知并披露其所收集的个人信息。该要求遭到客服的拒绝，周女士同日向唯品会隐私专职部门邮箱发送相同请求的邮件亦未得到回复。周女士遂以侵犯个人信息查阅、复制权为由，将“唯品会”诉至法院。经过一审判决，法院支持了原告提出的大部分个人信息披露请求，“唯品会”上诉，二审法院驳回，但将一审法院要求的披露时间从 10 日延长至了 30 日。原告未上诉。

《个人信息保护法》第四十五条规定，个人有权向个人信息处理者查阅、复制其个人信息；有本法第十八条第一款、第三十五条规定情形的除外。个人请求查阅、复制其个人信息的，个人信息处理者应当及时提供。

该案中，法院支持披露“唯品会”自认已实际收集且应当披露的个人信息（包括用户注册信息、订单信息、收货信息、设备信息、IP 地址等），以及“唯品会”与第三方共享的个人信息（包括支付信息、第三方 SDK 从唯品会收集的个人信息、共享给其他第三方的信息）和浏览信息。但是却驳回了两类个人信息披露请求。[①]一类是平台《隐私政策》中包含但未实际收集的个人信息，另一类是用于用户画像的个人信息。针对后者，一审判决认为，如无法证明用户画像对个人权益产生重大影响，则相关披露要求不予支持。

该案涉及查阅复制权等权利的客体范围界定问题，有学者认为查阅复制权的客体是个人信息本身以及处理情况。处理情况包括存储、加工、向第三方披露或共享，以及自动化决策形成的数据画像等。[②]

该案驳回的请求涉及自动化决策形成的用户画像的两方面问题：一是用户画像的可识别性问题。平台通过收集用户原始数据加工处理形成衍生数据，若仍具有身份识别功能，应属于复制查阅权的范畴。然而对于如何判定其是否具有身份识别性，在大数据的背景下，绝大部分信息都可能被纳入个人信息的范围，因为绝大部分信息都可能因为和其他信息结合而具有识别个人的可能性。

二是对自动化决策行为“重大影响”的理解问题。根据《个人信息保护法》第二十四条第三款，通过自动化决策方式作出对个人

---

① 参见“广州唯品会电子商务有限公司、周某个人信息保护纠纷案”（2022）粤 01 民终 3937 号。

② 郭美婷、李润泽子：《落实个人信息主体权益：亟待规则细化和一场“刀刃向内”的变革》，21 世纪经济网，http：//www.21jingji.com/article/20221109/herald/7cfb08fdce9e837ef0ccee4bf5c27b02.html。

权益有重大影响的决定，个人有权要求个人信息处理者予以说明，并有权拒绝个人信息处理者仅通过自动化决策的方式作出决定。在该案中，法院认为，只有在原告证明自动化决策方式对其个人权益产生重大影响，方可要求个人信息处理者予以说明。然而，事实上该款强调的是个人信息主体的请求解释说明权以及拒绝权，确保透明度原则的落实和打击算法黑箱，但在实践中如何理解“重大影响”，该类表述的模糊性制约着个人信息权利在实践中的行使。

此外，一审法院驳回原告主张的删除权，由于一审原告未上诉，二审法院未能对这些问题进行进一步审理。《个人信息保护法》第四十七条规定了五种个人信息处理者应当主动删除个人信息或个人有权请求删除的情形，包括处理目的已实现、无法实现或者为实现处理目的不再必要；个人信息处理者停止提供产品或者服务，或者保存期限已届满；个人撤回同意；个人信息处理者违反法律、行政法规或者违反约定处理个人信息；以及法律、行政法规规定的其他情形。

一审法院认为，原告诉请不符合上述条款规定的五种情形之一。但有学者认为，原告的上述请求属于“个人撤回同意”这一个人有权请求个人信息处理者删除个人信息的法定情形，且删除非必要个人信息不会影响原告正常使用“唯品会”。一审判决得出的结论尚有可商榷之处。

2. 企业响应个人信息权利动力不足

个人信息权利的落地需要信息处理者的响应，对于企业端而言，保障个人信息权利行使意味着信息处理模式的变革、业务流程的调整、巨大的合规成本以及相应的法律责任。

第一，查阅复制响应简而不易。在法律赋予个人在个人信息处理活动中的多项权利中，查阅复制权在技术响应层面相对简单。本书写作团队实测发现，如今大量 App 都已设置了查阅复制权实现的渠道，包括在交互页面上直接设置按键、联系专人申请、提供书面请求等。考虑到不同企业信息处理实际情况的差异，上述措施本身并未有优劣之分，目前衡量其是否符合立法本意的一大标准是“便捷性”。《个人信息保护法》第五十条规定，个人信息处理者应当建立便捷的个人行使权利的申请受理和处理机制。拒绝个人行使权利的请求的，应当说明理由。可以理解为，企业对个人信息权利行使的响应需便捷。例如，身份验证作为其中关键而必要的一环，能够防止个人信息被泄露甚至盗取。在身份验证技术已相对成熟的今天，企业不宜以无法验证身份为由拒绝披露个人信息，或设置较高的身份验证门槛。

然而，App 可供个人查询和复制的范围往往不能覆盖企业收集的全部个人信息。响应用户请求的查阅复制权则要求企业在内部走过漫长的路径：首先进行身份或合法性验证；其次，发现相应的数据、生成数据地图，同时确定数据所有者、确定数据收集和使用的合法性、确定数据存留期限；然后，再确定该业务操作自动化能力，创建子任务、进行子任务跟踪；最终，汇总生成友好的个人信息主体权利报告，通知用户，并提供用户浏览和下载报告的途径。只有全面厘清收集、交换、流转、处理、共享、存储等所有流程以及其依据，方可完美匹配到个人信息主体查询权利的行使。然而，目前大部分企业的内部数据管理都处于较为混沌的阶段。[①]

第二，删除权的实现成本高昂。《个人信息保护法》第四十七条规定了个人信息处理者履行删除义务的五种情形，（一）处理目

---

① 郭美婷、李润泽子：《落实个人信息主体权益：亟待规则细化和一场“刀刃向内”的变革》，21 世纪经济网，http：//www. 21jingji. com/article/20221109/herald/7cfb08fdce9e837ef0ccee4bf5c27b02. html。

的已实现、无法实现或者为实现处理目的不再必要；（二）个人信息处理者停止提供产品或者服务，或者保存期限已届满；（三）个人撤回同意；（四）个人信息处理者违反法律、行政法规或者违反约定处理个人信息；（五）法律、行政法规规定的其他情形。这要求企业作出持续监测和准确判断。首先，处理目的“已实现”“无法实现”以及“不再必要”等标准的界定，需要企业梳理和盘点自身业务类型，明晰自身个人信息处理行为的目的，判断出个人信息处理的最小必要范围；其次，当前的相关法律法规对保存期限的规定并不统一，若其他法律法规规定的保存时限长于完成处理目的所需的最短时间，在面对用户的删除请求时，企业需投入较大的合规成本以全面梳理和判断；再次，个人撤回同意的情形有可能对企业与之相关的后续业务影响巨大，企业需考虑在必须满足个人要求的前提下保障自身利益；最后，由于数据的可复制性、无损性和流动性，一旦进入互联网则无处不在，大量原始数据与衍生数据交织重叠，导致追踪和删除个人信息在实现上有一定技术难度。[①]

第三，对可携带权的实现缺少动力。目前在隐私协议中写明数据可携带权的平台寥寥可数，这与可携带权在《个人信息保护法》中的规定模糊有关。企业优化相关的技术和安全保障能力存在一定成本压力，欠缺积极落实可携带权的动力。社会公众对于可携带权还比较陌生，普遍不了解其含义和行使条件。

为确保《个人信息保护法》确立的“个人在个人信息处理活动中的权利”真正落地，需要配套制度、规则、标准补齐。第一，在行政法规、行政规章或者示范性规则等方面应率先达成共识，法院

---

① 郭美婷、李润泽子：《落实个人信息主体权益：亟待规则细化和一场“刀刃向内”的变革》，21 世纪经济网，http：//www. 21jingji. com/article/20221109/herald/7cfb08fdce9e837ef0ccee4bf5c27b02. html。

再以指导性案例形成司法上统一的尺度，最后通过立法明确个人在个人信息处理活动中的权利范围。第二，除司法解释、行政法规或规章外，形成与《个人信息保护法》相配套的国家标准、行业标准。由相关行政主管部门出台具体标准。

对于企业而言，改变现状还应从内部数据梳理和管理入手，企业内部的技术部门应与法务部门联合，建立起相应的管理团队与技术团队。数字技术的快速发展要求企业能够与时俱进地更新合规手段与模式，全面高效地管理内部数据合规工作，使“法律＋科技”的智能合规模式取得良好效果。

3. “单独同意”规则下个人信息使用与安全的平衡难题

《个人信息保护法》将“告知—同意”确立为个人信息处理规则的核心。“单独同意”规则是对“告知—同意”体系的重要补充，立法目的是希望能够解决法律出台前在信息处理活动中个人的个人信息知情权、决定权被架空的问题。

“单独同意”规则要求个人信息处理者在进行高风险的个人信息处理活动时，必须及时、专门地告知信息所有者处理的具体情况，并获得其明确授权。《个人信息保护法》第二十三条、第二十五条、第二十六条、第二十九条、第三十九条规定了五种需要单独同意的情形，分别是：

（1）个人信息的对外提供，即向他人提供其处理的个人信息；

（2）公开处理，即个人信息处理者公开其处理的个人信息；

（3）个人信息在公共场所的收集，即出于维护公共安全所必需，在公共场所安装图像采集、个人身份识别设备。其所收集的个人图像、身份识别信息如用于维护公共安全以外的目的；

（4）敏感个人信息的收集，即处理敏感个人信息；

（5）个人信息的境外提供，即向境外提供个人信息。

在“单独同意”规则的实践中，存在额外验证流程对用户的影响、企业合规成本的增加等问题，如何平衡个人信息保护和利用、平衡用户使用便利和使用安全是“单独同意”规则面临的两个现实“两难”问题。

第一，当前，“单独同意”规则的实现路径不明晰。在《个人信息保护法》施行之前，应用程序过度收集个人信息、“一揽子”授权、强制同意、大数据“杀熟”等现象并不鲜见。使用服务前勾选“我已阅读并同意用户协议和隐私协议”意味着个人信息可能面临长期、无差别地被收集和使用的风险。“单独同意”规则的设计正是为了解决这些“个人信息乱象”。

《个人信息保护法》正式施行后，相关平台纷纷行动，一般采取页面弹窗的形式告知用户隐私政策的更新或者获取用户对特殊情形的单独同意。但是，额外的流程增加了用户的负担，频繁出现的弹窗申请也会导致同意“疲惫”。实践中，企业或许会采取将同一流程链条上的同意事项合并的方式使流程更加便捷。以第三方 SDK 为例，由于其处理行为包括了采集和传输，如果把这两项行为授权合并，就不需要再多次获取用户同意。[①] 这并非落实“单独同意”条款与消解用户同意疲惫的最优解。一方面，这种“一键打包”的同意形式，一定程度上影响到了用户对何处需要第三方共享的直观认知；另一方面，这种合并同意的形式是否属于“单独同意”规则的适用范畴也存在一定争议。这是目前企业考虑合规成本、用户体验等因素普遍采取的方式，企业可能会将多项需要获取“单独同意”的信息合并。实务中，不少企业对“单独同意”条款的落实均

① 李润泽子、冯恋阁等：《明星条款“单独同意”实践一年：跨境、金融等行业如何改变应对?》，21 世纪经济网，https：//m. 21jingji. com/article/20221111/herald/91ca98f4daffbc658d53f17bcc307333. html。

存在颗粒度粗细差异问题。[①]“单独同意”落地的路径并不明晰，特定数据类型和数据处理环节都有可能触发“单独同意”，处理多种类型、环节叠加的方法在法律上并未被明确。

第二，跨境处理的“单独同意”尚无细则指引。随着数字经济全球化的不断推进，个人信息跨境处理活动也大量增加。《个人信息保护法》以“个人信息跨境提供的规则”专章规定了向境外提供个人信息的基本条件和基本制度，其中包括单独同意制度。

根据《个人信息保护法》第三十九条规定，个人信息处理者向中华人民共和国境外提供个人信息的，应当向个人告知境外接收方的名称或者姓名、联系方式、处理目的、处理方式、个人信息的种类以及个人向境外接收方行使本法规定权利的方式和程序等事项，并取得个人的单独同意。

《个人信息保护法》施行后，在个人信息的跨境提供上的相关配套法规已逐渐完善，包括《数据出境安全评估办法》和《个人信息出境标准合同规定（征求意见稿）》等。正在征求意见的《个人信息出境标准合同规定》则对个人信息出境标准合同的适用范围、适用条件、程序、主要内容等进行了细化。其中，在个人信息处理者的义务及境外接收方的义务中，均明确提出了“单独同意”的要求。

实践中，不少企业在个人信息出境中仍然存在诸多难点，其中联系不上个人信息主体的问题最为突出。一些不再使用应用或者联系不上的用户，企业无法取得同意，遑论单独同意，只能将数据匿名化后再出境，或者索性放弃出境，以求合规。实践中可进一步根

---

① 李润泽子、冯恋阁等：《明星条款“单独同意”实践一年：跨境、金融等行业如何改变应对?》，21 世纪经济网，https：//m. 21jingji. com/article/20221111/herald/91ca98f4daffbc658d53f17bcc307333. html。

据场景细化规则，例如针对出境时的个人信息确立单独同意制度。[①]

三　个人信息主体权益行使的公众认知调查

前述从理论与实务的角度分析了个人信息权利的概念以及实施的难点。个人信息的权利主体是个人，个人对自身权利行使的认知以及对相关信息处理主体个人信息保护的体验感是考量《个人信息保护法》实施落实的重要维度，本部分将通过调研的方式来呈现公众对《个人信息保护法》实施一年来个人信息保护的认知情况。

本书写作团队于 2022 年 10 月开展了一项社会问卷调查，旨在从个人角度切入来观察《个人信息保护法》落地执行情况、个人信息泄露与滥用问题的改善、相关信息处理者隐私保护功能体验等。

调研问卷设计获得相关技术专家、法律专家的支持，聚焦公众个人对信息权益行使的体验感，出于对问卷回收质量、有效性的考量，问卷共计 20 余道问题，将《个人信息保护法》规定的知情—决定权、查询复制权等在个人信息保护中最受关注、最核心的问题具象化，调研个人对隐私政策、超范围采集个人信息、查询复制以及删除等功能的行使、个性化推荐、个人信息泄露等的认知与体验。详细问卷见附录。

此次调查共回收一万余份有效问卷，调查对象覆盖专业人士、公司职员、公务员、在校学生、工人、服务人员以及其他多类别群体，包括从在校生到退休人员的各个年龄段群体。

---

① 李润泽子、冯恋阁等：《明星条款“单独同意”实践一年：跨境、金融等行业如何改变应对?》，21 世纪经济报道，https：//m. 21jingji. com/article/20221111/herald/91ca98f4daffbc658d53f17bcc307333. html。

（一）行使个人信息权利的操作程序仍繁琐

调查结果显示，当前个人信息泄露问题仍需重视，近七成被访者有个人信息泄露的遭遇。《个人信息保护法》规定个人在个人信息处理活动中有查阅、复制更正、删除等权利，个人信息处理者应确保个人能够方便地行使上述权利，但是在测试App隐私保护功能后，调查发现，部分与个人行使信息权利相关的功能操作仍然繁琐，个人在个人信息处理活动中所享有的各项权利仍然难以实现。

随着《个人信息保护法》正式施行，首次下载使用App时，点击“我已阅读并同意用户协议和隐私政策”已成常规操作。

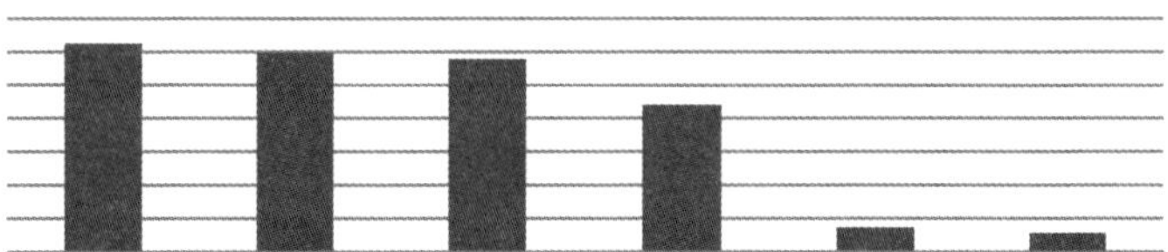

	内容冗余，未提供清晰目录	过于专业，难以理解	难以阅读，文字过小、模糊不清	含糊其词，不详细告知收集个人信息	其他	首次运行未提醒
■百分比（%）	62.50	59.70	57.90	43.90	7.30	5.70

图1-1 公众对App隐私协议的认知

隐私协议是用户与网络平台间的“授权合同”，是个人权益和隐私保护的法律文书，直接关乎用户的切身利益。此次问卷调查显示，超六成受访者在注册手机App时曾阅读过隐私政策和用户服务协议。但同时，从调查结果来看，隐私政策的用户友好度有待提高。其中，62.5%的用户认为目前隐私协议内容冗余，未提供清晰目录。此前，动辄上万字的App隐私协议已引发热议，有媒体曾报道5款下载量过亿次的手机App，平均每款的协议内容约2.7万字。[①]

除了“内容冗余，未提供清晰目录”外，“难以阅读，文字过小，模糊不清”占57.9%，“过于专业，难以理解”（59.7%）也是目前在用户眼中隐私协议存在的高频问题。值得注意的是，调查发现仍存在首次运行App时隐私协议未提醒的情况，有5.7%的受访者表示遇到过此情况。

上述提到，同意（或拒绝）是个人的支配性权利，体现出对其个人信息的支配力。然而，根据调查，个人同意权的实现仍有一段距离。

目前已有App将重要条款单独列举提示。以拼多多为例，其在App中设立了隐私政策摘要专区，通过简洁而明朗的文字及图标展示其收集使用的个人信息，京东、淘宝、美团等App都上架了此类功能。

（二）身份证及银行卡信息备受关注

由于不同类型的个人信息对个人、企业的重要性不同，根据个人信息所属类型应给予不同程度的保护，这也更能体现个人信息保护和利用的平衡、加强对敏感个人信息保护的立法目的。

《个人信息保护法》规定，敏感个人信息是一旦泄露或者非法使用，容易导致自然人的人格尊严受到侵害或者人身、财产安全受到危害的个人信息，包括生物识别、宗教信仰、特定身份、医疗健康、金融账户、行踪轨迹等信息，以及不满十四周岁未成年人的个

---

① 参见王井怀、刘惟真：《“我已阅读并同意”？你没读过的App用户协议有哪些“坑”?》，新华网2022年3月14日，http://www.news.cn/2022-03/14/c_1128470227.htm。

人信息。

调查结果显示，在大多数用户眼中身份证及银行卡信息最为敏感，因此也受到较多用户关注。

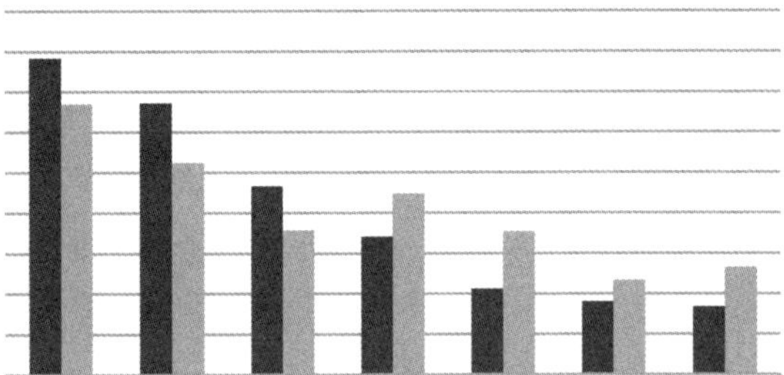

	身份证/身份证号信息	银行卡信息	指纹/面部识别等生物身份信息	照片/视频	通讯录	手机号码	位置
■你认为哪些信息最敏感（%）	78.40	67.20	46.70	34.20	21.30	18.00	16.70
■你更关注哪些被收集的信息（%）	66.90	52.40	35.80	44.80	35.50	23.30	26.60

图1－2　公众关注的个人信息类型

但实际来看，相关工作仍有较大的提升空间。此前，在本书写作团队进行的“守门人”个人信息保护社会责任测评中（后面章节将详细展开），部分App隐私协议中并未明确区分或说明采集敏感个人信息；在获取用户身份信息、人脸信息等相关敏感信息时单独同意的提醒方式不够显著，或存在未进行提示的情况；对用户的敏感个人信息有单独同意的程序设置，但是对于平台内经营者的个人敏感信息采集存在不规范提示的情况。

（三）信息泄露顽疾仍然存在

互联网时代，人们在享受着大数据带来的便捷的同时，个人信息不可避免地被收集、使用。每一次交易、浏览、通信，都会留下痕迹。在此过程中，个人信息的超范围收集成为各方关注的焦点。

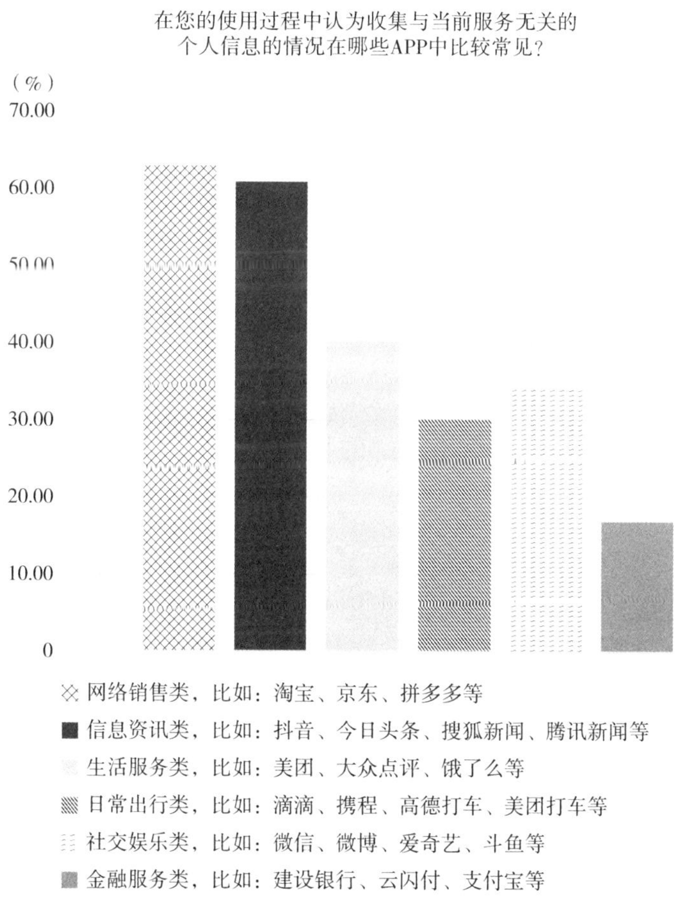

图1－3　对App超范围收集个人信息的问卷情况

民调数据显示，65.8%的受访者表示曾遭遇过 App 采集与其功能无关个人信息的情况，此外还有 21%的受访者表示无法判断 App 收集的信息是否和提供的服务相关。

根据《个人信息保护法》，个人信息处理需要遵循两个最小原则，其中之一是最小范围原则，“收集个人信息，应当限于实现处理目的的最小范围，不得过度收集个人信息。”

事实上，超范围收集用户信息已是 App 侵犯用户权益的常见行为。截至 2023 年 2 月 8 日，工信部已公开通报 27 批侵害用户权益的应用，包括生活服务、日常工具、假日出行、民生服务等在内的各类 App 及 SDK。其中，超范围收集个人信息和违规收集及使用个人信息是这些 App 最高频的违法违规问题。

调查数据显示，网络销售类 App（如淘宝、京东、拼多多等）和信息资讯类 App（如抖音、今日头条、搜狐新闻、腾讯新闻等）经常收集与当前服务无关的个人信息，选择这两类 App 的受访者分别占比 62.9%和 60.8%。

由个人信息的超范围收集带来的个人信息泄露及滥用问题同样引发持续广泛关注。据调查数据，近七成受访者认为在使用 App 时，自己的个人信息可能已被泄露。

受访者是基于以下三种原因做出个人信息泄露的判断：居于首位的是接到推销电话或受到私信骚扰，占比为 92.9%。其次，在日常生活中曾发现不同平台给自己推送相同的内容，占比为 73.3%。另外，存在个人信息被未知应用注册的情况。

（四）约七成用户注销账号时遇到障碍

《个人信息保护法》对个人在信息处理活动中的知情权、查阅

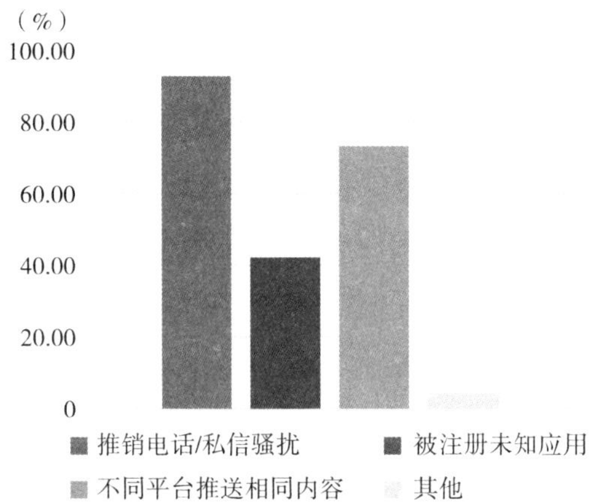

图1－4 有关个人信息被泄露的原因的问卷情况

复制权、删除权等做出了明确的规制。在《个人信息保护法》赋予用户个人的多项权利中，查阅复制权的实现相对比较简单。

在此次调查中，尝试过在App上查询个人信息的用户占50.2%，而未尝试过的用户占49.8%，二者比例相近。这意味着用户个人应当具有更强的行权、维权意识，主动维护自己的个人信息合法权益。

事实上，部分App可能存在隐私协议规定和个人信息权利行使实践不相符的矛盾。上述提及的唯品会案件便是，用户周女士因为担心个人信息泄露，联系客服要求根据隐私政策查阅、删除其相关个人信息却遭到客服拒绝，此后一纸诉状将唯品会告上了法庭，最终法院要求唯品会响应周女士的诉求，披露了其大部分个人信息。

不过，值得一提的是，笔者在调查中发现，18款主流App都通过不同的方式保证了用户对其不同个人信息的查阅、复制权，包括在应用中直接添加相关界面、联系专人申请等。调查数据也呼应了这一点，有68.8%的曾经查询个人信息的用户认为App中进行个人信息查询的流程便捷。

删除权的行使也是较受关注的议题。《个人信息保护法》第四十七条详细规定了五种可以行使删除权的情形，包括：处理目的已实现、无法实现或者为实现处理目的不再必要；个人信息处理者停止提供产品或者服务等。

调查显示，63.6%的用户尝试过删除App记录的个人信息。然而，问及删除功能是否便捷，近半数受访者持否定态度。

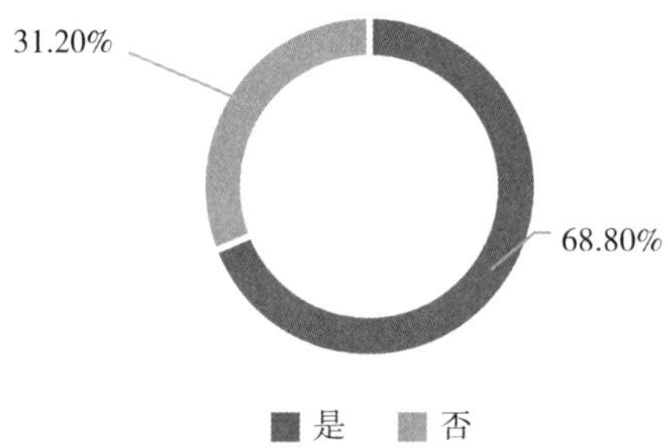

图1－5　对App个人信息查询功能是否便捷的问卷情况

此外，删除权在实践中还可以通过注销账户实现。近70%的受访者表示在App上注销过账号。然而，注销流程的完成存在一定障碍。调查显示，在尝试过注销账号的受访者中，超过半数受访者认为注销流程繁琐；而困扰用户的第二、第三大问题分别是找不到注销入口、人工审核注销无人受理或时间过长，分别占比46.1%和40.5%；最后，各有三成左右的用户认为主要障碍在于注销条件的缺失和不合理。

《个人信息保护法》实施一年来，虽然相关普法宣传活动丰富，但事实上普通民众对于《个人信息保护法》的了解仍然有限。在此次调查中仅有8%的受访者认为自己非常了解个人信息保护法，同

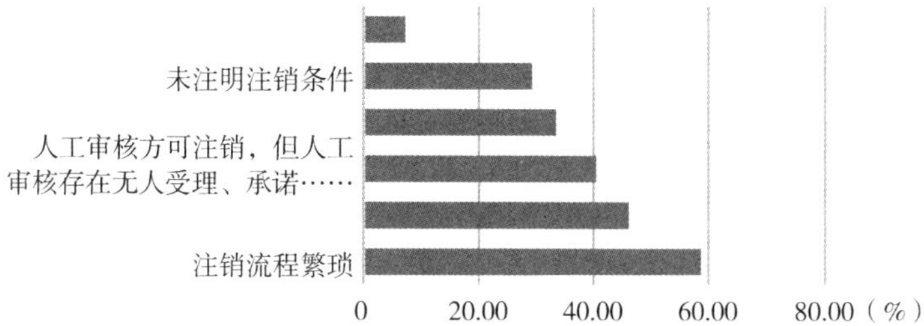

图 1－6　对注销 App 过程中遇到的障碍的问卷情况

时还有超过四成的受访者表示并不了解《个人信息保护法》。这也意味着关于《个人信息保护法》以及个人信息保护的普法宣传仍然需要加强。

虽然法律规范和条文本身具有高度概括性和抽象性的特点，使得非法律专业人士对法律内容及其适用的理解可能存在偏差。要持续推动我国的个人信息保护工作，则必须引入各方力量弥合法律制度与公众法律意识鸿沟，提升《个人信息保护法》普法宣传效能。

第　二　章

规则篇：个人信息处理的重点规则

网络平台是一种新型组织形式，个人信息是网络平台获取经济利益、实现可持续发展的主要驱动力量。网络平台通常在相应的用户服务协议或者隐私协议之中明确将使用用户的个人信息用于提供服务和实现相应的功能，从而完成信息推送、供需匹配等活动。对个人信息的有效利用是网络平台与传统企业之间的重大区别。所以，对网络平台个人信息处理活动的规范在数字经济时代非常必要。《个人信息保护法》对平台个人信息保护提出了更高要求。

平台是一种居中撮合、链接两个或多个群体的市场组织，促进不同群体之间的交互与匹配是其主要功能。早期网络平台主要担任的是“连接者”的角色，为网络用户搭建信息传递的通道，使用户可以获得基础的互联网服务以及分类获取互联网信息。随着平台模式的广泛应用，平台链接功能进一步发挥，能够提供更丰富的产品与服务，撮合完成交易，实现要素的整合与资源的协调，承担组织者的角色。伴随着自身功能的增加，平台需担负平台内部生态治理的职责，有了“治理者”的身份，平台的规则体系对用户、平台内经营者的影响不言而喻。

从个人信息保护的角度来看，网络平台个人信息处理规则设计与有效适用是落实平台主体责任、保护个人信息的必然选择。

一　多主体处理个人信息的规则

个人信息的有序流动有利于个人信息价值的发挥。《个人信息保护法》第一条即明确了在“规范个人信息处理活动”的基础上，要求“促进个人信息合理利用”。个人信息的流通利用不仅涉及个人信息处理者的相关业务运转，随着业务场景的多样性，还涉及多个信息处理主体。多主体之间的个人信息处理应符合《个人信息保护法》的规定。个人信息处理者在利用个人信息开展对外合作、对内共享时，不同主体处理个人信息的情形对应不同的合规义务与合规成本。

（一）对外提供

《个人信息保护法》第二十三条规定，个人信息处理者向其他个人信息处理者提供其处理的个人信息的，应当向个人告知接收方的名称或者姓名、联系方式、处理目的、处理方式和个人信息的种类，并取得个人的单独同意。接收方应当在上述处理目的、处理方式和个人信息的种类等范围内处理个人信息。接收方变更原先的处理目的、处理方式的，应当依照本法规定重新取得个人同意。

《个人信息保护法》《网络安全法》《民法典》《刑法》等关于个人信息保护的法律均禁止“非法提供”个人信息，“提供”个人信息是一种将个人信息相关权益较为完整地提供给第三方的行为。作为对于多主体处理个人信息的规则，“对外提供”的合规要求较高。

第一，个人信息处理者对外提供个人信息，不仅需要完成个人信息保护影响评估，还应当具备合法性基础，即个人信息处理者就法定事项履行告知义务并取得个人的单独同意。通过单独同意这一特殊同意形式的设置，达到保障信息主体个人信息权益的目的。本质上，对于接收个人信息即“被提供”个人信息的处理者而言，该处理活动相当于对个人信息的间接收集。

第二，作为接收方的个人信息处理者也应当履行相应义务，同样也需要受到《个人信息保护法》的约束，在个人单独同意的范围内处理个人信息，如需变更原先的处理目的、处理方式的，应当重新取得个人同意。通过对提供方和接收方处理个人信息活动的规范，保障个人信息“脱控但不失控”，在个人充分知情的基础上，遵循个人授权的范围有效利用个人信息。

（二）共同处理

《个人信息保护法》第二十条规定了两个以上的个人信息处理者共同处理个人信息的具体规则。

随着信息技术发展，个人信息的价值不再通过孤立的数据处理行为来实现。往往存在多个个人信息处理者共同对海量沉淀的个人信息进行二次甚至多次分析使用，深度开发个人信息背后的商业价值和公共价值，包括共同建立各类商业化的网络平台、共享数据进行各类技术开发和研究、合并决策等。规范个人信息的共同处理行为，可以保障个人信息流转利用过程中信息主体的决定权，以及遭受侵害时可以获得充分的权利救济。

第一，多主体的个人信息处理者需明确各主体的权利义务划分和个人的权利主张方式。多主体信息处理者可基于业务关系约定共享个人信息处理权利，并共同履行安全保障义务。双方可以通过内部约定的方式确定各自的权利和义务，最大限度地实现个人信息处理者经营自主和契约自由。

第二，共同处理个人信息的处理者的责任承担形式为连带责任。个人信息处理者共同处理个人信息，侵害个人信息权益造成损害的，应当依法承担连带责任，目的在于强化平台企业等个人信息处理者的责任承担，倾斜性地保护个人信息主体，为受侵害个人实现权利救济、获得赔偿提供充分保障。本条款旨在避免因共同侵权中个人信息处理者侵权行为损害程度难以确定、一个或数个个人信息处理者缺乏赔偿能力，而使个人无法得到有效救济的情形。本条款与《民法典》中的共同侵权规则有效衔接，通过明确共同处理情形中个人信息处理者的责任形态，保障信息主体求偿权的实现，促使共同处理者之间就个人信息的安全保护互相监督。在个人信息快速传播的大数据时代，连带责任承担方式具有保护个人信息权益的实践价值。

（三）委托处理

《个人信息保护法》第二十一条规定了个人信息委托处理的具体规则，包括个人信息委托人和受托人在个人信息委托处理过程中各自应当履行的义务。

个人信息的委托处理是较为常见的处理行为，《网络数据安全管理条例（征求意见稿）》将委托处理定义为："数据处理者委托第三方按照约定的目的和方式开展的数据处理活动。"当个人信息处理者因技术能力、人力资源、基础设施等方面的局限性，或考虑到企业经营成本效益等因素时，不能或不愿仅依靠自己完成个人信息的处理活动，可以将自己所控制的个人信息交给第三方主体进行处理。对于委托处理而言，合规要求主要从三个方面展开。

第一，个人信息处理者委托处理个人信息的，应当与受托人约定委托处理的目的、期限、处理方式、个人信息的种类、保护措施以及双方的权利和义务等。在个人信息处理者委托处理个人信息的场景中，由作出委托的个人信息处理者承担《个人信息保护法》所规定的一般要求和义务，对受托人的个人信息处理活动进行约束和监督。

第二，受托人应当按照约定处理个人信息，不得超出约定的处理目的、处理方式等；委托合同不生效、无效、被撤销或者终止的，受托人应当将个人信息返还个人信息处理者或者予以删除，不得保留。这表明，在委托处理个人信息的场景中，受托人并非不履行义务。个人信息委托处理关系应当以委托人和受托人之间的约定为边界，不得超出约定的处理目的、处理方式等处理个人信息。如果受托人超出约定的范围处理个人信息，就属于非法处理个人信息，应当根据《个人信息保护法》的相关规定取得同意或其他处理个人信息的合法性基础。

第三，关于转委托的限制规定。未经个人信息处理者同意，受托人不得转委托他人处理个人信息。本条款规定与《民法典》中关于委托合同转委托的禁止性规定保持一致，旨在确保个人信息在委托处理活动中受到信息主体初始授权的约束，使个人信息“脱控但不失控”。

二　“告知—同意”规则——“双清单”

《个人信息保护法》中明确了个人信息处理活动应遵循的原则，构建了以“告知—同意”为核心的个人信息处理规则。“告知是个人信息处理公开透明原则的要求，是实现个人知情权的基础，也是个人行使本法规定的其他权利的前提。”[①] 告知个人信息保护中的核

① 杨合庆：《中华人民共和国个人信息保护法释义》，法律出版社2022年版，第61页。

心要求，即以显著的方式、清晰易懂的语言，真实准确完整地告知用户，让其准确理解个人信息处理的用途和目标。为落实《个人信息保护法》要求，有效解决违规收集、超范围收集个人信息问题以及向第三方共享个人信息情况不透明问题，监管部门要求信息通信行业建立个人信息保护“双清单”。“告知—双清单”并非法律强制性要求，而是监管部门为规范相关企业个人信息处理行为的具体落地举措。

（一）“双清单”的缘起

2021 年 11 月 1 日，工业和信息化部发布《工业和信息化部关于开展信息通信服务感知提升行动的通知》（工信部信管函〔2021〕292 号）（以下简称《通知》），并提出“各相关企业应建立已收集个人信息清单和与第三方共享个人信息清单，并在 App 二级菜单中展示，方便用户查询。”《通知》提出的“已收集个人信息清单”和“与第三方共享个人信息清单”即是“双清单”。《通知》要求“已收集个人信息清单”应简洁、清晰列出 App（包括内嵌第三方软件工具开发包 SDK）已经收集到的用户个人信息基本情况，包括信息种类、使用目的、使用场景等；“与第三方共享个人信息清单”应简洁、清晰列出 App 与第三方共享的用户个人信息基本情况，包括与第三方共享的个人信息种类、使用目的、使用场景和共享方式等。工信部要求建立个人信息保护“双清单”贯彻了以人民为中心的发展思想，避免相关企业过度收集个人信息、过度共享个人信息，使用户了解自己的个人信息被使用、共享至何处，保障用户权益，还有利于企业持续发现自身在数据收集、使用、共享方面存在的问题。

（二）“双清单”的展示要求

App 内“双清单”的展示应当与隐私政策一样单独成文，而不是作为隐私政策的一部分存在，同时需要便于访问。具体如下，用户在进入 App 主功能界面后，通过 4 次以内的点击，能够访问到“双清单”，且“双清单”链接位置突出、无遮挡。最简单的做法即是在二级菜单下展示，如可以在“设置”界面中展示，当用户打开“设置”界面时就可以清晰看见“隐私政策”和“双清单”的按钮，可以有效方便用户查询。

（三）“双清单”的具体内容

《通知》仅简单列举了一部分“双清单”的要求，为了更好地保护用户权益，结合《个人信息保护法》和《信息安全技术 网络平台及产品服务隐私协议要求（征求意见稿）》，“双清单”的具体内容规范总结如下。

1. 个人信息清单

“个人信息清单”包括个人信息收集清单与个人信息权限管理清单。由于网络平台不仅通过自主收集或用户主动提供获取个人信息，还会通过 App 功能权限在用户使用的过程中收集个人信息，所以需要根据网络平台获取个人信息的不同来源，将个人信息清单分为个人信息收集清单与个人信息权限管理清单。

“个人信息收集清单”具体包括应用程序类型、业务/功能场景、是否为基本业务/功能、收集目的、个人信息类型、收集方式、收集频次、收集时机、必要个人信息类型（根据应用程序类型提供）、非必要个人信息类型（除必要个人信息外的其他个人信息）、拒绝收集可能对个人的影响等。需要说明的是，“应用程序类型”和“必要个人信息类型”需要结合国家网信办、工信部、公安部、国家市场监管总局于2021年3月12日发布的《关于印发〈常见类型移动互联网应用程序必要个人信息范围规定〉的通知》（国信办秘字〔2021〕14号）规定的39种常见App类型以及对应的必要个人信息类型进行确定，除必要个人信息外的其他个人信息都属于“非必要个人信息类型”。大型网络平台应遵循“最小必要原则”，“收集频次”应在实现App业务功能所必需的最低合理频率范围内，“收集时机”应当确定用户主动触发相关业务功能时才可收集的情形，不可提前收集个人信息。

“个人信息权限管理清单”具体包括权限功能类型、使用场景/目的、该权限开启下的收集说明、收集的启动时机、收集频次、拒绝使用时对用户的影响等。需要说明的是，“权限功能类型”和“该权限开启下的收集说明”需要结合《信息安全技术　移动互联网应用程序（App）收集个人信息基本要求》（GB/T 41391－2022）附录C“特定类型个人信息收集要求”、附录D“可收集个人信息权限范围”来确定类型和范围。大型网络平台对权限的“启动时机”和“收集频次”同样要遵循“最小必要原则”，App所需权限应在对应业务功能执行时动态申请，用户未触发相关业务功能的，不能提前申请与当前业务无关的权限；在权限申请获得授权后，自动采集个人信息的频率应在实现App业务功能所需的最低合理频率范围内，且仅访问满足业务功能需要的最少个人信息。

2. 与第三方共享个人信息清单

“个人信息清单”包括第三方SDK清单与个人信息对外提供清单。为了提高开发效率，给用户提供定制化体验，提高App兼容性，大型网络平台可能将某项功能交给第三方来开发，第三方服务商将服务封装为工具包（即SDK）供开发者使用，但SDK存在隐蔽收集个人信息的问题，因此需要单独将第三方SDK清单列出供用户知晓。“个人信息对外提供”主要指个人信息委托处理、共享、转让和公开披露的情形，由于涉及将个人信息提供给第三方，网络平台的直接掌控能力明显减弱，容易导致个人信息泄露、个人信息违规使用等个人信息安全事件，所以也需要单独将个人信息对外提供清单列出供用户知晓。

“第三方SDK清单”具体包括“产品/类型”、第三方主体名称、共享的信息、使用场景、使用目的、共享方式、使用频次、使用时机、第三方隐私政策链接等。SDK类型主要包括：第三方登录分享类、支付类、推送类、广告类、数据统计分析类、地图类、风控插件以及一些基础库等。网络平台在接入SDK时，同样需要遵循“最小必要原则”共享个人信息，控制使用频次和使用时机，为了让用户了解第三方SDK收集使用个人信息的基本情况，还应当附上第三方隐私政策链接。

“个人信息对外提供清单”具体包括个人信息类型、提供原因、采取的安全措施、接收方名称、接收方使用目的、对接收方的约束管理、是否对用户带来高危风险、第三方隐私政策链接等。根据《个人信息保护法》的要求，网络平台对外提供个人信息的，应当向个人告知接收方的名称或者姓名、联系方式、处理目的、处理方式和个人信息的种类，同时要对第三方采取必要的安全措施和进行持续性监督，将上述内容以清单方式向用户说明，为了让用户了解第三方收集使用个人信息的基本情况，还应当附上第三方隐私政策链接。

三　存量个人信息的处理规则

《个人信息保护法》揭开我国个人信息保护法治的新篇章，强调严格保护个人信息，平衡数据的保护与利用，对个人和产业带来深远影响。随着《个人信息保护法》的落地实施，业内针对继续使用在该法实施之前收集的历史数据，是否需要按照该法进行合规管理产生争论。

本书所讨论的“存量数据”，特指企业在个人信息保护法生效之前收集的数据。针对存量数据的处理，可参考如下原则。

1. 不再继续使用数据

如果不再处理数据或删除历史数据，《个人信息保护法》不溯及既往。不过，在数字经济时代，数据往往是企业的血液和加油站，决定着企业的生死存亡，所以企业很难选择不再处理数据或删除数据。

2. 加工处理成非个人信息

如果经技术处理生成的数据，如匿名化技术等，只要数据无法指向、不识别特定的自然人，则不存在个人信息处理的问题，可以如常处理数据。

《个人信息保护法》第四条规定，个人信息是以电子或者其他方式记录的与已识别或者可识别的自然人有关的各种信息，不包括匿名化（指个人信息经过处理无法识别特定自然人且不能复原的过程）处理后的信息。也就是说，经匿名化处理后的数据不再属于个人信息，也就无须适用《个人信息保护法》的相关规定。

不过，目前“‘不能复原’的概念不明晰，可以指向合理努力不能复原也可以指向绝对没有能力复原，一旦标准定得过高则面临数据价值大打折扣的困境”[①]。“匿名化”的具体适用标准未来需要根据相关技术指南加以补充和完善。

3. 补充合规

如果要继续处理含个人信息的数据，就要遵守《个人信息保护法》的相关规定。对于合法理由保持不变的数据，即使在《个人信息保护法》生效之后，仍可以以此法定理由进行处理。以银行业为例，在《个人信息保护法》生效之前，银行在贷款、反洗钱等业务中收集了大量数据，如果法定理由一直不变，则仍可以以此法定义务作为合法处理理由。[②]

对于合法理由保持不变，但存在超出必要范围收集的数据，或变更数据的使用目的等情况，银行则需要重新获取用户授权。否则，因没有合法理由处理这些数据，银行可能违反《个人信息保护法》，受到行政乃至刑事处罚。

对于基于合法业务收集的，但没有获得个人授权的数据，存在较大的问题和风险。对于这部分数据，尽量补充授权，或者通过下游使用方来获得授权；如果无法获取授权，也可以采用匿名化等技术手段处理后再继续使用数据。

对于授权上存在一定瑕疵，比如告知不清晰，或者虽有同意，但没有满足单独同意的要求等，可以通过更新隐私文件来“修复

---

① 尤为、王巍、冯恋阁：《个保法一周年丨个保法实施前的历史数据“冷冻”还是“补充”合规实践中缺乏标准答案》，21世纪经济报道，http：//static. nfapp. southcn. com/content/202210/31/c7020366. html。

② 尤为、王巍、冯恋阁：《个保法一周年丨个保法实施前的历史数据“冷冻”还是“补充”合规实践中缺乏标准答案》，21世纪经济报道，http：//static. nfapp. southcn. com/content/202210/31/c7020366. html。

瑕疵”，完善授权；如果无法修复，可以考虑通过隐私计算等技术来使用数据。①

① 尤为、王巍、冯恋阁：《个保法一周年丨个保法实施前的历史数据“冷冻”还是“补充”合规实践中缺乏标准答案》，21世纪经济报道，http：//static. nfapp. southcn. com/content/202210/31/c7020366. html。

第三章

义务篇：大型网络平台个人信息保护特别义务

在个人信息处理方面，互联网平台为平台内经营者处理个人信息提供基础技术服务、设定基本处理规则，是个人信息保护的关键环节。[①] 针对互联网平台进行个人信息保护规则制定，需要进一步抓住重点，区分一般的个人信息处理者与充当“守门人”角色的个人信息处理者，即控制互联网技术环境与运营环境，有资源或能力影响其他个人信息处理者处理能力的大型平台。[②] 这些大型平台已经超越一般企业的范畴而带有提供社会公共服务的属性，需在个人信息保护等方面承担更多责任。

《个人信息保护法》第五十八条对提供重要互联网平台服务、用户数量巨大、业务类型复杂的个人信息处理者即大型平台作出专条规定，规定了其在个人信息保护方面的特殊义务。按照第五十八条要求，大型平台需履行建立健全个人信息保护合规制度体系、制定平台规则、对严重违法的平台内个人信息处理者停止提供服务等义务，并且要定期发布个人信息保护社会责任报告，接受社会监督。本节将对大型平台角色的变化及平台监管中的“守门人”这一常用概念作简要介绍，并分析《个人信息保护法》第五十八条对大型平台个人信息保护特别义务作出的规定。

---

① 杨合庆主编：《中华人民共和国个人信息保护法释义》，法律出版社 2022 年版，第 147 页。

② 参见张新宝主编《〈中华人民共和国个人信息保护法〉释义》，人民出版社 2021 年版，第 448—450 页。

一　大型网络平台与“守门人”条款

大型网络平台具有身份的特殊性，兼具经营者与管理者的双重职能。一方面，大型网络平台作为中介，在以平台为核心生态体系之下，是软件、硬件、接口及服务和规则提供者；另一方面，大型网络平台通过与用户之间具有相应的服务协议或者隐私政策，形成了对平台内的各类用户进行管制与规范的权能。平台通过制定类似于国家法律的平台规则，对其用户的权利义务产生了实质影响；平台通过采取类似于政府行为的强制、处罚等措施，对平台内的违法违规行为进行预防和惩戒；平台通过在线解决纠纷机制，对平台内各类纠纷进行了有效裁决。[①] 这种身份的特殊性意味着需要对大型网络平台构建新的监管模式。

（一）大型平台的角色变迁

网络平台经济是生产力新的组织方式，是数字经济的主要代表形式。网络平台为平台内的用户群体提供渠道、场所与技术工具，具有基础设施的特点，允许用户在平台内进行信息交互、商品交易、服务提供和其他活动。作为一种经济形态或商业形态，平台介于市场和企业（组织）之间，兼具传统组织和市场

① 参见张晨颖《公共性视角下的互联网平台反垄断规制》，《法学研究》2021 年第 4 期。

的特征。[①] 与市场不同，平台具有更可见的组织手段和更有力的组织架构，能够更快、更好地协调、统筹外部资源，进而实现从资源控制到资源整合、从内部优化到外部交互、从围绕单个客户到构造生态系统的转变升级。[②] 大型平台较一般平台又有更大的用户规模、更广泛的业务领域和更强的资源聚合能力，其出现、崛起和重要性的不断加强可根据平台的发展变迁概括为三个阶段。

第一个阶段是早期平台出现并扮演信息“连接者”的时期，此时大型平台与其他平台除体量外并无明显区别，未成为受到专门关注和规制的对象。20 世纪 80 年代起，基于点击流量的营利共通点、实行门户合流、有着明晰的主营兼营产业结构的互联网公司开始出现，其建立的网站成为最早的平台。以中国为例，1998 年，中国互联网进入了“门户时代”，出现了包括搜狐、网易、新浪在内的多家大型网络内容服务提供商，开办并运营旨在提供综合性互联网信息资源和有关信息服务的门户网站，聚合其他网站链接、新闻报道等诸多内容，并通过广告投放获得巨大收益。此时的平台主要作用在于连接网站与用户，进行信息的传递和分发。但由于技术限制，用户多只能被动接收信息而难以进行实时的信息交互，且信息传递、展示的形式也较为单一。这一时期，美国《通讯端正法》《数字千禧年版权法》、欧洲《电子商务指令》、中国《关于维护互联网安全的决定》《互联网信息服务管理办法》等一批立法规定了“避风港规则”“红旗规则”等网络服务提供商责任原则，规定了平台

---

① ［美］亚历克斯·莫塞德、［美］尼古拉斯·约翰逊：《平台垄断：主导 21 世纪经济的力量》，杨菲译，机械工业出版社 2018 年版，第 63 页；周勤：《为什么要研究平台经济学》，［美］戴维·S. 埃文斯《平台经济学：多边平台产业论文集》，周勤、赵驰、侯赟慧译，经济科学出版社 2016 年版，译者序，第 1 页。

② 王勇、戎珂：《平台治理：在线市场的设计、运营与监管》，中信出版社 2018 年版，第 81—82 页。

的责任义务及其与用户责任的关系，但未根据平台的体量作出分级。

随着通信技术的发展和用户数量的增加，部分大型网络平台开始围绕主体业务进行拓展，形成自有生态体系，平台发展进入第二阶段，占据支配地位的互联网巨头企业开始兴起。2011 年，在 D9 数字大会上，时任谷歌执行董事长埃里克·施密特用“Big Four”指代以 GAFA（Google、Apple、Facebook 和 Amazon）为代表的大型平台企业，并强调这四家企业在全球网络消费领域占据支配性地位。中国则形成了以“BAT”（百度、阿里巴巴、腾讯）为代表的互联网大型平台企业。这一时期，随着电子商务、即时通信等业务的繁荣，较大型的平台的角色开始由特征单一的“连接者”转变为属性多元的“组织者”，平台不仅是信息的传递者，也是信息的创造者，在平台体系中可以实现与用户更加多样的互动方式，并且形成了初步的平台规则，可以依照平台自身的规则体系对平台用户进行规范。由于用户规模、平台体量、信息传播频率的增加，互联网无序化趋势愈发明显，大量有害信息在网络中传播，用户个人隐私受到侵犯。我国一方面通过以《刑法修正案（七）》《刑法修正案（九）》为代表的立法对个人信息保护作出初步规定，另一方面也在着手对平台经营者制定规范，在《网络安全法》《电子商务法》等法律法规中进一步规定了平台义务与责任，但仍未采取对平台进行分类分级规制的做法。

目前，互联网平台尤其是大型平台正在进入第三个阶段，完成从网络空间“组织者”到现代社会“治理者”的转变。近年来，各国对互联网依赖程度上升，尤其是新冠肺炎疫情严重干扰了线下活动的开展，使线上沟通更为频繁。随着网络普及，互联网的用户规模与产业规模也呈现出“井喷”式的增长态势。同时，随着数字技术的发展和产业转型，新经济业态、新消费方式、新职业正在不断出现并日渐繁荣。上述因素推动下，平台具备技术、数据和规则上的实质性优势，在与平台内用户尤其是个别用户的关系上存在严重的不平衡。

平台可以基于自身确立的规则，以私主体的身份管理平台内的各项事务并在平台内贯彻其决策，既是平台内的“立法者”又是“执法者”，具备了类似于公权力但又有所不同的“私权力”。[①] 大型平台则可以通过平台资源整合模式，不断扩张自身的规模以及影响力。由于其巨大的用户规模、庞大的数据量和数据生产效率、投入技术研发与应用的海量资源和复杂的业务模式，无论从用户数量上还是服务范围上而言，都能更加高效地实现对较大范围网络空间的控制。在 2020 年至 2021 年美国大选期间，由于涉嫌“煽动暴力”，推特与脸书等大型平台以违反“平台政策”为由对时任美国总统特朗普的账号进行封禁，这种由平台企业对一国政府领导人实施限制、进行“处罚”的情形在以往是难以想象的。

大型平台的技术创新能力和其规制平台内用户行为的能力不仅可以改善服务供给、提高社会生产效率、促进社会数字化转型，也带来了相应的风险，尤其是对现有法律秩序、治理模式的冲击，以及对个体权益的损害。其“私权力”也与公权力一样，既有被滥用的风险，也有可能因不作为而致使个人权益受损。如果仅要求平台承担法律责任和契约责任而不要求其履行道德义务，平台就可能刻

① 关于平台私权力的分析参见周辉《变革与选择：私权力视角下的网络治理》，北京大学出版社 2016 年版，第 62—73 页；刘权《网络平台的公共性及其实现——以电商平台的法律规制为视角》，《法学研究》2020 年第 2 期，第 45—47 页；Daphne Keller，“The Future of Platform Power：Making Middleware Work”，*Journal of Democracy*，Vol. 32，No. 3，2021，pp. 168 - 172。

意为所欲为或消极不作为，追求利润最大化而忽视公共利益。[①] 因此，各国开始探索对大型平台进行特别规制，试图让大型平台根据其治理能力，在分享社会权力的同时，承担不同于事后法律责任的、更加能动的治理责任。[②]

（二）“守门人”条款介绍

对大型平台义务进行特别规定的制度在欧美又被称作“守门人条款”。“守门人”（“gatekeeper”，也译把关人）概念最早由美国社会心理学家库尔特·勒温（Kurt Lewin）在1947年的一篇论文中首次提出。在他看来，参与传播的每个人都不可避免地要从各自的认识上，对信息进行筛选和过滤，这种筛选和过滤的行为就叫作把关，实施这种行为的主体就是把关人。之后，“守门人”概念被广泛应用于新闻和信息的选择、加工、制作和传达过程的相关研究之中。[③]

近年来，如本部分第（一）段所述，随着大型平台的崛起，欧盟、美国等国经过对平台地位、角色的研究及监管探索，将原有的守门人理论延伸到平台治理领域，将大型平台认定为“数字守门人”，并开始着手构建相应的监管制度。2020年10月，美国众议院发布《数字市场竞争调查报告》指出，虽然各超级平台保持着不同种类的垄断，但每家公司都有效地充当了当今数字市场的守门人，

---

① 刘权：《论网络平台的主体责任》，《华东政法大学学报》2022年第5期。

② 参见周辉《网盘平台创新服务的著作权保护——从平台责任到合规治理》，《中外法学》2023年第2期。

③ 周辉：《网盘平台创新服务的著作权保护——从平台责任到合规治理》，《中外法学》2023年第2期。

拥有挑选赢家、收购或处置竞争对手的权力，可以排除潜在竞争对手并巩固和扩大其支配地位。[①] 欧盟则通过颁布《数字市场法》明确了数字守门人企业的认定标准，并对其专门提出了限制自身经营行为、保障用户数字权利和个人隐私等一系列专门义务。

需要指出的是，欧美所使用的“数字守门人”与传统意义上的“守门人”概念有所不同。“数字守门人”需要满足营业额、估值、用户规模或业务类型等法定标准，未满足标准的平台企业即使符合传统守门人的定义，也无须适用“守门人条款”进行规制；同时，传统守门人理论研究主要指向守门人的第三方义务，即守门人应当利用其独特的把关地位对信息和行为进行筛选，以承担一定的治理责任。但欧盟《数字市场法》所规定的“数字守门人”制度不要求守门人承担第三方监管义务，而仅需履行防止其滥用其优势地位、侵害平台内主体权益的义务。

二　《个人信息保护法》中的大型平台义务

（一）立法沿革

《个人信息保护法》对大型网络平台设置特别义务是国际形势、监管方向、社会环境等多重因素共同作用的结果。2020 年 10 月 21 日公布的《个人信息保护法（草案）》并未对大型网络平台设置特别义务，对大型网络平台设置特定个人信息保护义务首见于 2021 年

① U. S. House of Representatives, Investigation of Competition in Digital Markets: Majority Staff Reports and Recommendations, July 2022.

4 月《个人信息保护法（草案）》二审稿。其原因除受到欧美监管思路变化的影响、开始关注守门人概念及其制度外，更重要的是我国对大型平台监管思路的转变和优化。2020 年 12 月，中央经济工作会议要求强化反垄断和防止资本无序扩张，对平台经济实施强监管，以推动平台企业规范健康发展。其中的首要监管对象即为大型网络平台。同时，监管实践也表明，由守门人负担一定的个人信息保护治理义务，一方面可以对其“私权力”进行规制、督促其履行与其管理者身份适当的职责；另一方面，由守门人承担一定监管义务还可以降低监管成本，提高监管效率，远比单由行政机关对个人信息处理者进行监管全覆盖更便捷。[①] 如果为全部平台设置个人信息保护的统一标准也有其弊端，要么让小型企业因合规成本高昂而对个人信息的利用望而却步，要么无法完全约束大型企业的个人信息处理活动而使得个人信息权益的保护不足。[②]

最终，《个人信息保护法》在进一步完善二审稿中有关大型平台特别是个人信息保护要求的基础上，形成了第五十八条：“提供重要互联网平台服务、用户数量巨大、业务类型复杂的个人信息处理者，应当履行下列义务：（一）按照国家规定建立健全个人信息保护合规制度体系，成立主要由外部成员组成的独立机构对个人信息保护情况进行监督；（二）遵循公开、公平、公正的原则，制定平台规则，明确平台内产品或者服务提供者处理个人信息的规范和保护个人信息的义务；（三）对严重违反法律、行政法规处理个人信息的平台内的产品或者服务提供者，停止提供服务；（四）定期

---

① 参见张新宝《互联网生态“守门人”个人信息保护特别义务设置研究》，《比较法研究》2021 年第 3 期。

② 张新宝：《大型网络平台企业个人信息保护独立监督机构研究》，《东方法学》2022 年第 4 期。

发布个人信息保护社会责任报告，接受社会监督。”

通过将现行法律文本同二审稿进行对比，《个人信息保护法》着重强调大型平台应当强化自身合规体系建设，在第（一）项中明确大型平台应当“按照国家规定建立健全个人信息保护合规制度体系”，有机结合了自我规制与由独立监督机构（相对独立与外部性）、社会监督和行政机关形成的外在约束。此外，其新增的第（二）项要求平台履行建立平台内规则体系的义务，且须保证规则制定过程的公平公正。

（二）立法特点

如本节第一部分所述，“守门人”制度或与之类似的制度在欧美已有立法实践探索。但是，中国的立法模式与欧盟的“数字守门人”等制度不同，我国不仅开创性地将大型平台特殊义务置于个人信息保护法体系下进行规定，[①] 还以类似传统“守门人”理论的方式，明确将第三方义务纳入大型平台特殊义务中并与平台直接义务并列，具有我国网络治理的鲜明特色。[②]

欧盟等地的个人信息保护法律体系更注重平等适用，如欧盟《一般数据保护条例》明确“条例对于包括微型条例对于包括微型、小型以及中型企业在内的不同经济主体提供法律确定性和透明度至关重要”“为控制者与处理者规定同样水平、法律上可执行的义务和责任。”虽然在具体适用上，条例中的某些具体要求会因企业规模和技术能力等有所变化，但出于保护信息主体个人信息控制权的

① 杨合庆主编：《中华人民共和国个人信息保护法释义》，法律出版社 2022 年版，第 147 页。

② 参见周汉华《〈个人信息保护法〉“守门人条款”解析》，《法律科学》2022 年第 5 期。

目的，欧美立法仍将权利与义务平等作为基本要求；而在制定“守门人”条款时，对其义务的规定往往更聚焦于直接义务，即守门人不得利用自己的优势地位为某些行为或需在其与平台内用户订立协议时遵守一定的规则，而不包括履行作为立法者、监管者的第三方义务。

我国的《个人信息保护法》第五十八条则规定得更为宽泛，其中包含有第（一）项、第（四）项等规定了平台直接义务的条款，也包括第（二）项、第（三）项等规定了大型平台作为治理方应履行的第三方义务的条款。这种第三方义务属于公法上的积极义务，大型平台必须主动作为，采取必要的措施实施上述行为，对平台进行管理甚至治理。其实施治理的合法性或“权力”的基础，又来自法律法规的规定和授权。用户在此情形下直接接触的是作为监管者的大型平台，但平台的背后却是看不见的政府之手。同时，因《个人信息保护法》在平台内具体规则的制定、执行问题上并未再作进一步明确，大型平台又具有一定的裁量空间和选择余地；如果大型平台实施个人信息保护治理效果得到社会舆论肯定，也会有利于在这一领域建立业内标杆，提升自己的品牌形象，这为大型平台主动履行个人信息保护社会责任提供了激励。故，《个人信息保护法》第五十八条所实现的是一种以管理型为主的治理模式，兼有政府主导、网络平台企业参与的协助关系，还有政府、网络平台企业共治的合作关系。[①] 这一制度的有效实施将提升我国个人信息保护治理的灵活性和敏捷性，有利于及时回应个人信息保护工作中出现的新问题。

---

① 关于平台治理模式，参见周辉《网络平台治理的理想类型与善治——以政府与平台企业间关系为视角》，《法学杂志》2020 年第 9 期。

（三）大型平台的具体义务要求[①]

并非所有互联网平台都是大型平台，需要适用《个人信息保护法》第五十八条。对于尚不满足相应监管标准的平台，既有的法律规制手段足以处理可能的风险，没有必要整体改变法律利益的平衡影响整个平台经济的发展。在我国，平台成为《个人信息保护法》第五十八条的适用对象，要同时符合三个前置条件：一是提供重要互联网平台服务，二是用户数量巨大，三是业务类型复杂。“重要互联网平台服务”意即对平台进行分类，“用户数量巨大、业务类型复杂”则是对平台体量进行分级。考虑到平台经济激烈的竞争态势，无论在我国，还是其他构建了守门人制度的国家和地区，实际上真正符合要求的大型平台并不多。一旦满足条件，依照《个人信息保护法》规定，大型平台需履行下述四项义务：

1. 建立更严格的合规制度

第五十八条要求大型平台按照国家规定建立健全个人信息保护合规制度体系，不仅要在内部加强合规管理、履行一般个人信息处理者有关个人信息保护内部制度建设的义务，还需要“成立主要由外部成员组成的独立机构对个人信息保护情况进行监督”，加强大型平台个人信息保护措施的透明度。这里的“外部成员”，应当是仅在该组织担任个人信息保护监督职务，除此之外既不担任与该平台企业有关的其他任何职务，也没有“在该平台企业竞争对手处任

---

① 本部分主要参考：张新宝主编：《〈中华人民共和国个人信息保护法〉释义》，人民出版社 2021 年版，第 450—451 页；杨合庆主编：《中华人民共和国个人信息保护法释义》，法律出版社 2022 年版，第 147—148 页；周汉华主编：《〈个人信息保护法〉条文精解与适用指引》，法律出版社 2022 年版，第 341—344 页。

职”等其他可能影响其履行职责、进行监督的因素。此类角色可类比上市公司的独立监事、外部董事，与个人信息处理者没有隶属关系，虽对大型平台的个人信息处理活动进行监督，但不对其负责，能够独立行使其职权，并具备行使职权的能力，有对个人信息处理活动实施合规监督的专业知识和工作经验。

但由于《个人信息保护法》未对本项中“独立机构”的定位、人员组成、运行机制等作出说明，该条如何执行仍待后续明确。例如，有观点认为，独立机构应不对个人信息处理者负责，完全独立地行使权力；[①] 也有观点认为，鉴于独立机构设置的目的依然是监督特定个人信息处理者合规，且机构中仍可能有一定企业内部成员任职，该机构不可能完全独立于个人信息处理者，仅需与日常经营管理机构分割、独立行使其监督个人信息保护情况的职责即可。[②]

2. 制定并健全个人信息保护平台规则

在《个人信息保护法》之前，《电子商务法》就对电子商务平台经营者制定平台内规则的义务进行了规定，并在制定程序、公示、修改和执行等方面提出了一系列要求，如其第三十二条规定：电子商务平台经营者应当遵循公开、公平、公正的原则，制定平台服务协议和交易规则，明确进入和退出平台、商品和服务质量保障、消费者权益保护、个人信息保护等方面的权利和义务。二者存在一定交叉重叠：电子商务平台经营者可能被认定为大型平台，而个人信息保护规则也应是平台服务协议、交易规则的一部分。

平台内规则具有双重属性。一方面，这种规则是平台经营者向

---

① 参见周汉华主编《〈个人信息保护法〉条文精解与适用指引》，法律出版社 2022 年版，第 342 页。

② 参见张新宝《大型网络平台企业个人信息保护独立监督机构研究》，《东方法学》2022 年第 4 期。

平台内用户提供的格式条款，所以在制定个人信息保护规则时，须尽到提示、说明的义务，且不能免除提供条款的平台经营方的个人信息保护义务，也不能排除对方即平台内经营者或消费者的主要个人信息权利；另一方面，上述规则也是平台对其内部个人信息处理行为进行规制的主要依据，故还需要充分保障规则制定的公开、公平、公正，既不能对自身提供优待，也不能对平台内的其他个人信息处理者采取不正当的歧视策略。

平台内规则不能与《个人信息保护法》等国家规定相抵触，因此大型平台经营者自身特殊义务、个人信息处理的一般规则及处理者法定义务仍须在平台规则内履行。例如，若平台需根据这些规则实施个人信息处理行为，则其制定和实施个人信息处理规则后不仅要履行向用户告知、获得同意的义务，还应当对其中可能涉及个人信息对外提供、个人敏感信息处理等情形取得个人单独同意；若这些个人信息处理规则发生变更，平台需向个人重新取得同意。

3. 对严重违法处理个人信息的行为停止提供服务

大型平台对严重违法行为负有制止义务。第五十八条第（三）项要求，对严重违反法律、行政法规处理个人信息的平台内产品或服务提供者，平台应停止提供服务。如本节第二部分所述，这一规定同第（二）项一起，对大型平台规定了与我国其他平台治理法律法规一致的第三方义务。例如，我国《网络安全法》《广告法》等法律法规规定，如果平台“发现”，或“明知或应知”用户内容违法时，需要采取行动予以处理，否则将被行政处罚；面对平台内违法行为，平台的处置义务一般既包括必要的事前审查和内容过滤，也包括事中阻断不法内容传播、停止侵权行为，还包括事后进行账号封禁等惩戒，并向有关部门依法报告。

即使大型平台自身未进行个人信息处理行为，也需要针对平台内其他个人信息处理者的处理行为履行相应义务。这要求大型平台不仅制定平台内规则，也要构建对平台内个人信息处理者的监督机制、违法违规行为处置机制。对需要停止提供服务的情形，应当主动采取措施；若平台内个人信息处理者未违反法律、行政法规而仅违反平台自定规则，或违反情形不严重，不应随意援引本项规定停止向其提供服务。若监管部门发现平台内个人信息处理者存在违反法律、行政法规处理个人信息的行为，也可以履行法定程序通知"守门人"停止为其提供服务。

4. 发布社会责任报告和接受社会监督

大型平台需要承担特殊社会责任，即定期发布个人信息保护社会责任报告，接受社会监督。例如，大型平台在个人信息保护领域的社会责任可能包括平台促进社会形成个人信息保护良好氛围的情况、平台为推进个人信息保护技术开发、制度完善而进行的投入和贡献等内容。社会责任报告与《个人信息保护法》第五十五条、第五十六条所规定的风险评估报告不能相互替代，后者需要聚焦于识别并降低个人信息保护风险、评估具体个人信息处理行为的合法性，并留存相应记录；社会责任报告则更加宏观、灵活，若不同企业承担社会责任的方式不同，报告内容也会千差万别。

总而言之，大型互联网平台在履行其个人信息保护的特殊义务时，不仅要正确处理平台自身与平台内个人信息处理者、平台外部独立机构之间的关系，还要积极履行平台治理责任和社会责任，做好平台内自治规则与国家规定之间的衔接。

准确理解《个人信息保护法》第五十八条的内容，是大型网络平台践行个人信息保护的前提，本节将从第五十八条的立法进程与内容来进行分析。

三　《个人信息保护法》第五十八条的适用

加强对网络平台特别是大型网络平台的治理已经成为全球共识，《个人信息保护法》第五十八条对大型网络平台课以特别义务具有现实意义。不过根据本书写作团队调研，第五十八条在实践中仍缺乏生命力。

（一）大型网络平台界定缺乏明确标准

《个人信息保护法》第五十八条对符合特别义务要求的大型网络平台界定为：提供重要互联网平台服务、用户数量巨大、业务类型复杂的信息处理者。但如何定义“重要”、如何界定用户数量巨大、如何理解业务类型复杂，均无具体考量标准。

哪些平台应该被纳入《个人信息保护法》第五十八条规定的“大型网络平台”范围，有学者指出，其主要是指控制移动互联网生态关键环节、有资源或有能力影响其他个人信息处理者处理个人信息能力的互联网营运者，应包括移动终端操作系统、应用程序分发平台和平台型 App。并且，第五十八条约束的是平台而不是具体的某一家公司。一个大型网络平台可能是由多家独立的公司共同组成。

参考《互联网平台分类分级指南（征求意见稿）》对平台的划分方式，《个人信息保护法》第五十八条“大型互联网平台企业”应对标超级平台经营者与大型网络平台经营者。

表3－1

平台分级	分级依据	具体标准
超级平台	超大用户规模	在中国的上年度年活跃用户不低于5亿
	超广业务种类	核心业务至少涉及两类平台业务
	超高经济体量	上年底市值（估值）不低于10000亿人民币
	超强限制能力	具有超强的限制商户接触消费者（用户）的能力
大型网络平台	较大用户规模	在中国的上年度年活跃用户不低于5000万
	主营业务	具有表现突出的平台主营业务
	较高经济体量	上年底市值（估值）不低于1000亿人民币
	较强限制能力	具有较强的限制商户接触消费者（用户）的能力
中小平台	一定用户规模	在中国具有一定的年活跃用户
	一定业务种类	具有一定业务
	一定经济体量	具有一定的市值（估值）
	一定限制能力	具有一定的限制商户接触消费者（用户）的能力

《互联网平台分类分级指南（征求意见稿）》与《互联网平台落实主体责任指南（征求意见稿）》拟细化中国版“守门人”的相关规定，前者依据用户规模、业务种类、经济体量、限制能力将平台分为超级平台、大型网络平台、中小平台。后者则进一步明确了超大型网络平台在公平竞争示范、平等治理、开放生态等方面应承担的义务。虽然仍在征求意见阶段，但其划定的界定标准与义务类型与《个人信息保护法》第五十八条划定的大型网络平台有密切联系，对规范互联网平台经营活动、维护个人信息权益、促进平台经济规范健康持续发展有重要意义。

然而，《互联网平台分类分级指南（征求意见稿）》的思路与模式是从竞争法视角出发，与个人信息保护出发点并不相同，规制内容的侧重点也有所差异，对于大型网络平台个人信息保护领域特别义务履行的规范，仍需要法律法规进一步明确。

（二）独立监督机构尚未正式运作

《个人信息保护法》第五十八条第一款规定，“按照国家规定建立健全个人信息保护合规制度体系，成立主要由外部成员组成的独立机构对个人信息保护情况进行监督”。大型网络平台企业设立主要由外部成员组成的独立机构监督平台的个人信息保护工作开展。全国人大常委会法工委在新闻发布会上曾就这一法条回应，《个人信息保护法》此项规定是为了提高大型互联网平台经营业务的透明度，完善平台治理，强化外部监督，形成全社会共同参与的个人信息保护机制。

据第五十八条的要求来看，独立监督机构的相关表述跟在企业“建立健全个人信息保护合规制度体系”一句之后，并以逗号分隔，意味着这一独立监督机构是企业健全个人信息保护合规的具体举措之一，此应属于企业制度体系的一部分。纵观现代企业制度，或只有上市公司的独立董事制度中有类似之处。

中国上市公司的独立董事制度确立于 2001 年，“维护公司及股东利益，尤其关注中小股东的合法权益不受损害”，是设立独立董事的主要目的。从对公司和社会公众负责的目的审视，独立监督机构与独立董事制度确实比较相似。但与独董制度不同的是，个人信息保护监督机构“对谁负责”在《个人信息保护法》中并未体现。

由此来看，这一监督机构究竟是对公司负责，还是对社会公众负责，或者是兼顾公司发展的利益和社会公众的期待，还需在实践中进一步明确。需要指出的是，独立董事对上市公司及全体股东负有诚信、勤勉的义务，且主要防止控股股东、实际控制人侵犯公司和中小股东的利益；这与独立监督机构仅对个人信息保护情况进行监督这一单一领域的监督职责有明显区别，如果认为独立监督机构主要对社会公众负责，平台企业的发展利益或将不作为独立监督机构重点考虑的范畴，有可能导致公司发展利益受损。[①] 此外，独立机构如何保持独立性，企业如何把握向外部监督机构披露信息的尺度，仍缺乏行为准则。

从职责范围来看，与企业合规部门不同，独立监督机构的职责是监督大型网络平台的个人信息保护，不涉及企业经营管理的其他事项，也不需要决策和执行。在具体实践中，独立监督机构既应监督"守门人"自身的个人信息保护合规情况，也应监督"守门人"对平台内经营者的个人信息处理活动予以规范的合规情况。[②] 在配套的细化规则发布后，相关企业开展合规工作将有更清晰的依据和指引。但距离中国的大型网络平台企业进入"守门人"角色，仍有一段长路要走。

（三）第三方义务履行模糊

《个人信息保护法》第五十八条第二款要求守门人"明确平台内产品或者服务提供者处理个人信息的规范和保护个人信息的义务"。这意味着，大型网络平台承担着平台生态个人信息保护的治理者的角色。不过，大型网络平台坐拥庞大的用户规模，业务链条纵横交错，平台内生态复杂，即便修改某条平台规则，也有可能掀

---

① 虞伟：《个保法要求建外部独立监督机构，互联网平台为何按兵不动》，21 世纪经济网，https：//m. 21jingji. com/article/20211111/d90da80ae7ee8de1e9fe79a86768888d. html。

② 张新宝：《互联网生态"守门人"个人信息保护特别义务设置研究》，《比较法研究》2021 年第 3 期。

起“蝴蝶效应”。[①] 平台内业态各异、平台商户以及用户数量量级以千万计，大型网络平台要履行事前第三方义务，完善细化平台内不同经营者的个人信息处理规范与义务，协调平台规则以及平台经营者自有规则的冲突，需要投入较大的治理成本。

第五十八条第三款要求守门人“对严重违反法律、行政法规处理个人信息的平台内的产品或者服务提供者，停止提供服务”，一定程度上类似于行政机关的行政管理权限。如果没有前置行政决定或者司法决定作为基础，要求大型网络平台独立对平台内商户的个人信息处理行为进行合法性判断并决定停止提供服务，可能会产生权力滥用的风险。欧美将数字守门人义务只限定为直接义务，核心是限制守门人的数据权力，同时为平台内商户、其他平台与终端用户赋权，以促进数据流动与共享。[②] 而《个人信息保护法》第五十八条将“明确处理个人信息的规范和保护个人信息的义务”“停止提供服务”等边界、程序与条件并不清晰的第三方义务配置给守门人，相当于笼统给大型网络平台授权。

这样一来，大型网络平台兼具经营者与管理者角色，复合的角色使其面临“既当运动员又当裁判员”的争议。为了保障规则应有的公正公平，在《个人信息保护法》二审稿中，新增要求平台企业应“遵循公开、公平、公正的原则，制定平台规则……”的条款，明确平台规则不能成为企业自身实施不正当竞争、强化垄断的工具。不过，“公开、公平、公正”是原则性规定，没有具体细化的

① 钟雨欣：《个保法“守门人”的双重义务：“既当选手又当裁判”争议何解》，21世纪经济网，https：//m. 21jingji. com/article/20221027/herald/f90856c4924d2bf4bb5153e5a9d1b335. html。

② 钟雨欣：《个保法“守门人”的双重义务：“既当选手又当裁判”争议何解》，21世纪经济网，https：//m. 21jingji. com/article/20221027/herald/f90856c4924d2bf4bb5153e5a9d1b335. html。

规则。为了避免特别义务被滥用，理论层面应进一步澄清平台作为经营者与管理者的不同情形，实践层面则应在大型网络平台制定平台规则之后，监管部门审查相关规则是否达到了公平、公正、公开的要求，是否贯彻了个人信息保护法的原则和精神，避免平台滥用其在数据、算法、技术、平台规则等方面的优势，滥用其管理权力。[①] 此外，为了避免过多义务束缚平台，应当进一步强化竞争政策基础地位，推动公平竞争审查制度的实施，避免对平台经济市场的不当干预。

四　大型网络平台的个人信息保护：从法律义务到社会责任

《个人信息保护法》第五十八条明确规定：大型网络平台需定期发布个人信息保护社会责任报告，接受社会监督。这也体现出，强化个人信息保护不仅是平台应尽的法定义务，更是平台承担社会责任的体现。大型网络平台通过定期发布社会责任报告，可以让用户从平台企业经营理念、业务范围、业务线关系等方面进一步了解其个人信息保护情况，将个人信息保护工作做细做实，切实提高大型网络平台的个人信息保护水平。

---

① 钟雨欣：《个保法“守门人”的双重义务：“既当选手又当裁判”争议何解》，21 世纪经济网，https：//m. 21jingji. com/article/20221027/herald/f90856c4924d2bf4bb5153e5a9d1b335. html。

（一）平台履行“社会责任”义务的必要性

平台企业由互联网科技支撑的虚拟平台在连接范围、提供功能与承载的人、物和信息流量等方面都远超以往的任何实物平台[①]，生产运营活动超越传统资源配置的时空限制，基于平台技术与数字技术跨组织边界、跨时间边界以及跨越国家边界开展社会生产、分配、交换与消费活动，传统的单边市场逐步扩展为双边或多边市场。[②] 这些特性也决定了平台经济行为不仅是一种经济行为，也具备公共社会治理特征，[③] 应担负社会责任。大型网络平台掌握数以亿计的个人信息数据，平台本身的商业模式也离不开个人信息这一“原材料”，个人信息保护应成为平台社会责任履行的重要部分。

对大型网络平台个人信息保护的监管，从个人维权和政府监督都存在失灵问题，大型网络平台应主动承担个人信息保护的义务。第一，从个人维权角度，个人信息在平台经济运行中被高频使用，个人很难监测并且个人维权要付出巨大的金钱和时间成本。第二，平台数据处理具有高频性和偶发性，如果只是依赖数据监管部门自上而下的各种监管审查，其监管效果往往并不明显。[④] 大型网络平台自身社会责任的履行在规范平台经济健康发展的大背景下具有非常的意义，这也是《个人信息保护法》第五十八条对社会责任规定的原因。

---

① 钱小军、龚洋冉、张佳音：《网络平台企业的社会责任为什么重要》，《清华管理评论》2020 年第 12 期。

② 肖红军、李平：《平台型企业社会责任的生态化治理》，《管理世界》2019 年第 4 期。

③ 李广乾、陶涛：《电子商务平台生态化与平台治理政策》，《管理世界》2018 年第 6 期。

④ 翟志勇：《论数据信托：一种数据治理的新方案》，《东方法学》2021 年第 4 期。

（二）履行社会责任的现实考量

2016年4月，习近平总书记在网络安全与信息化工作座谈会上指出“增强互联网企业的使命感、责任感”。在经历“野蛮生长”后，大型网络平台社会责任履行是企业发展转型的必由之路。2017年美团点评CEO王兴在中国互联网企业中率先提出美团进入“社会企业”阶段。马化腾也在2017年年底提出，腾讯正在成为一家“社会化企业”。阿里在未来三十年的战略中也提出不仅要成为基础设施提供者，而且要以“解决社会问题”为企业定位。

网络平台企业尤其是大型网络平台企业的社会责任履行已经不能局限于公益和捐赠，需要从企业业务的开展中根植履行社会责任理念，才是平台规范、健康发展的康庄大道。平台的反馈机制、审核与认证机制、隐私保证机制、争议解决机制均对消费者信任产生显著的正向影响，且相比于外部的治理机制而言，平台内的社会责任治理作为一种内部化的自组织治理，有助于形成平台社会责任声誉，进而对平台消费者用户产生情感依恋与用户信任。①

《个人信息保护法》第五十八条关于大型网络平台社会责任履行的规定，具有现实意义。不过，对于社会责任报告应如何撰写，哪些是必备内容，《个人信息保护法》未作明确要求。本书写作团队根据调查研究发现，目前，平台企业履行发布社会责任报告法定义务的情形较少，多数缺乏独立个人信息保护企业社会责任报告，该条款仍要进一步落实。

① 肖红军、阳镇：《平台型企业社会责任治理：理论分野与研究展望》，《西安交通大学学报》（社会科学版）2020年第1期。

第 四 章

实证篇：大型网络平台个人信息保护社会责任测评

《个人信息保护法》第五十八条对大型网络平台设置了特别义务，对于提供重要互联网平台服务、拥有巨大用户数量的企业，要求其在自身履行个人信息保护义务的同时，应履行特定义务，并且承担社会责任。

不过，大型网络平台应如何搭建制度体系，如何制定平台规则，如何披露个人信息保护方面的社会责任报告？《个人信息保护法》中尚未给出明确答案。本书写作团队组成课题组依托中国社会科学院法学所网络与信息法研究室参与个人信息保护法立法的权威专家力量和丰富理论资源，基于南财合规科技研究院在实践中对个人信息保护领域的关注，综合大型互联网平台在《个人信息保护法》实施一年中在个人信息保护方面的行动实践，研究形成了一套学术合理性和实践可行性的指标体系。

“守门人”社会责任指标，旨在为大型网络平台履行相应义务提供细则指引，引导大型网络平台在社会责任报告中针对特别义务的原则性规定形成相对具体、细化的标准，完成向社会公众披露个人信息保护情况的义务，履行数字经济发展时期的守门人义务。

“守门人”社会责任指标体系严格依照《个人信息保护法》等现有法律法规，拆解大型互联网平台应承担的个人信息保护义务，设计制度体系、组织架构、合规实践、平台治理及社会责任报告五个一级指标，对应平台处理个人信息保护问题的五个问题。

一 守门人个人信息保护社会责任测评指标设计的思路

按照《个人信息保护法》第五十八条要求，“守门人”平台需“建立健全个人信息保护合规制度体系，成立主要由外部成员组成的独立机构”，“制定平台规则”，对严重违法的平台内经营者停止提供服务，并且要定期发布个人信息保护社会责任报告，接受社会监督。

课题组以该条规则为核心，吸收借鉴《个人信息保护法》等其他相关法律规则，并参考《数据出境安全评估办法》、《信息安全技术 个人信息安全规范》（GB/T 35273－2020）、《信息安全技术 移动互联网应用程序（App）收集个人信息基本要求》（GB/T 41391－2022）等相关部门规章和技术标准，搭建起“法律＋技术”规则为主导的“守门人”个人信息保护社会责任测评指标。

本次测评共40个具体测评条目，从制度体系、组织架构、合规实践、平台治理、社会责任报告五个层面进行了实测。

《个人信息保护法》的出台可以更好地保护人民群众在信息社会的合法权益，与时俱进地保护个人信息权利。《个人信息保护法》确立了个人信息处理的合法、正当、必要和诚信原则；明确了严格的基于个人同意处理个人信息的同意规则；明确了敏感个人信息的范围以及对处理敏感个人信息基于特定目的、充分的必要性和采取保护措施的严格要求；确认和发展了个人在信息处理活动中的权利，明确了个人信息处理者的义务；设计了大型网络平台需履行的特别义务，比如成为独立监督机构、制订平台规则、披露社会责任报告等。基于上述《个人信息保护法》基本要求，本次测评指标内容总结如下：

表4－1 根据《个人信息保护法》基本要求总结测评指标内容

制度体系	隐私政策
	个人信息分类管理机制
组织架构	工作架构
	独立监督机构
合规实践	个人信息收集
	个人信息存储
	利用个人信息进行自动化决策
	对公众权利实现的响应
平台治理	平台规则
	治理实践
社会责任报告	平台概况
	报告发布

指标的设计思路与《个人信息保护法》所确定的个人信息保护工作框架基本一致，将《个人信息保护法》中的个人信息处理规则、个人信息处理的一般规定、个人信息处理的特殊规定、个人在个人信息处理活动中的主体权利、个人信息处理者的义务、大型网络平台的特别义务总结作为测评指标内容。

《个人信息保护法》从顶层对个人信息保护进行规定，部分条款仍较为原则，为了进一步细化测评指标内容，部分指标参考了相关技术标准以达到细化内容的目的。例如“隐私政策”测评内容的细化参考了《信息安全技术　移动互联网应用程序（App）收集个人信息基本要求》（GB/T 41391－2022），将隐私政策中的文本规范拆解为是否具有独立性和易读性、是否清晰说明各项业务功能及收集个人信息类型、是否清晰说明个人信息处理规则及用户权益保障等方面。再如“合规实践”的部分内容参考了《信息安全技术 个人信息安全规范》（GB/T 35273－2020），明确了具体操作流程。

在指标体系初步设计时，课题组根据法律法规以及实务经验，共设计了98个三级指标，旨在搭建较为完备的个人信息保护社会责任体系。但是在进行两轮初步测试后，发现存在相关标准履行空白、个人信息保护相关情况公开透明度低等问题，最终从可操作性角度出发，确定了40个三级指标。

二 对测评指标内容详细说明

本测评中对每一个二级指标的测评构成一个单项测评，针对某个二级指标的所有具体测评内容构成测评实施，具体测评内容由40个三级测评指标构成。在对每一个三级测评指标进行测评时，可能用到访谈、核查和测试三种测评方法，也可能用到其中一种或两种。单项测评中的每一个二级测评指标是与《个人信息保护法》规定相一致的，具体测评内容中的每一个三级测评指标是依据相关部门规章、技术标准的推荐性要求以及调研中的个人主体、平台主体的合理诉求最终确定。测评指标设计遵循重要性、安全性、合法性与合理性等原则，保障测评内容既能体现合规要求，又能避免超过企业应承担的合理限度。

（一）“制度体系”测评指标内容具体说明

1. 隐私政策

（1）测评指标：隐私政策文本应体现其独立性和易读性，清晰说明各项业务功能及收集个人信息类型，清晰说明收集使用个人信息行为，明确平台对用户权利保障。交互式功能界面设计应体现隐私政策文本的内容，提供便捷、友好的操作方式。

（2）测评对象：App 隐私政策文本、App 交互式功能界面设计。

（3）测评实施包括以下内容：

a. 核查 App 隐私政策文本是否清晰说明各项业务功能及对应的收集个人信息类型；

b. 核查 App 隐私政策文本是否根据业务场景完整列举收集的个人信息类型；

c. 核查 App 隐私政策文本是否说明对外共享、转让、公开个人信息类型；

d. 核查 App 隐私政策文本是否说明个人信息接收方名称或者姓名、联系方式、处理目的、处理方式；

e. 核查 App 隐私政策文本是否对未满十四周岁的未成年人制定专门的个人信息处理规则；

f. 核查 App 交互式功能界面设计是否可以便捷查询、下载隐私政策文本；

g. 核查 App 交互式功能界面设计是否建立便捷的个人行使权利的申请受理和处理机制。

（4）指标判定：如果以上测评实施内容为肯定（“是”），则符合本测评指标要求，否则不符合本测评指标要求。

2. 个人信息分类管理机制

（1）测评指标：不同类型的个人信息对个人、企业的重要性不同，平台企业在业务活动中应根据个人信息类型给予不同程度的保护。个人信息分类管理要求平台企业根据个人信息的种类、来源、敏感程度、用途等，对个人信息进行分类，采取有针对性的管理或安全技术措施，确保敏感个人信息得到最大限度的保护。

（2）测评对象：App隐私政策文本、个人信息分类管理制度类文档、个人信息授权同意书。

（3）测评实施包括以下内容：

a. 核查App隐私政策文本是否区分敏感个人信息与一般个人信息；

b. 核查平台企业在收集敏感个人信息时是否获取用户单独同意。

（4）指标判定：如果以上测评实施内容为肯定（“是”），则符合本测评指标要求，否则不符合本测评指标要求。

（二）“组织架构”测评指标内容具体说明

1. 工作架构

（1）测评指标：平台企业处理规模巨大的用户个人信息，业务类型复杂，应设立个人信息保护工作机构，公开个人信息保护负责机构联系方式，指定专门团队或岗位负责未成年人个人信息保护，履行个人信息保护责任，接受社会监督。

（2）测评对象：平台工作架构类文档、个人信息保护负责人联系方式。

（3）测评实施包括以下内容：

a. 核查平台企业工作架构是否设立个人信息保护工作机构；

b. 核查平台企业是否公开个人信息保护负责人联系方式；

c. 核查平台企业是否指定专人负责未成年人个人信息保护。

（4）指标判定：如果以上测评实施内容为肯定（“是”），则符合本测评指标要求，否则不符合本测评指标要求。

2. 独立监督机构

（1）测评指标：平台企业应按照国家规定建立健全个人信息保护合规制度体系，成立主要由外部成员组成的独立机构对个人信息保护情况进行监督。“外部成员”应当是除在该平台企业担任个人信息保护监督职务外不担任其他任何职务，且不存在其他可能影响其独立判断和执行职务的因素的人员。

（2）测评对象：平台独立监督机构类文档。

（3）测评实施包括以下内容：

a. 核查平台企业是否设置了个人信息保护独立监督机构；

b. 核查平台企业的独立监督机构外部成员是否通过公开选聘产生。

（4）指标判定：如果以上测评实施内容为肯定（“是”），则符合本测评指标要求，否则不符合本测评指标要求。

（三）“合规实践”测评指标内容具体说明

1. 个人信息存储

（1）测评指标：个人信息存储包括存储过程中采取的安全技术措施，以及为防止个人信息存储时间过长导致的泄露风险而采取的期限限制。平台企业根据内部个人信息分类管理的要求，对不同类别的个人信息存储应采取相应的加密、去标识化等安全技术措施和建立不同类别个人信息存储期限的最小化制度。

（2）测评对象：存储安全技术措施文档、存储介质、个人信息存储制度文档。

（3）测评实施包括以下内容：

a. 核查平台企业存储个人信息时是否采取相应的加密、去标识化等安全技术措施；

b. 核查平台企业存储个人信息时是否建立了存储期限最小化制度。

（4）指标判定：如果以上测评实施内容为肯定（“是”），则符合本测评指标要求，否则不符合本测评指标要求。

2. 个人信息传输

（1）测评指标：平台企业根据内部个人信息分类管理的要求，传输不同类别的个人信息至个人信息接收方时应采取相应的加密、去标识化等安全技术措施。平台企业在传输个人信息至个人信息接收方前，应与该接收方签署相关个人信息处理协议，明确约定个人信息处理目的和处理方式；若涉及对外提供个人信息的，还应取得个人单独同意。

（2）测评对象：传输安全技术措施文档、与个人信息接收方的数据处理协议、个人信息授权同意书。

（3）测评实施包括以下内容：

a. 核查平台企业传输对外提供的个人信息至个人信息接收方前是否取得个人单独同意；

b. 核查平台企业传输个人信息至个人信息接收方时是否采取相应的加密、去标识化等安全技术措施；

c. 核查平台企业与个人信息接收方签署的个人信息处理协议是否约定个人信息处理目的和处理方式。

（4）指标判定：如果以上测评实施内容为肯定（“是”），则符合本测评指标要求，否则不符合本测评指标要求。

3. 利用个人信息进行自动化决策

（1）测评指标：平台企业通过自动化决策方式向个人进行信息推送、商业营销，应当同时提供不针对其个人特征的选项，或者向个人提供便捷的拒绝方式。平台企业还应提供针对自动化决策结果的反馈渠道，对个人的反馈要求予以说明。

（2）测评对象：App 隐私政策文本、App 客户端。

（3）测评实施包括以下内容：

a. 通过自动化决策方式向个人进行信息推送、商业营销，核查平台企业是否同时提供不针对其个人特征的选项，或者向个人提供便捷的拒绝方式；

b. 核查平台企业是否提供针对自动化决策结果的投诉渠道。

（4）指标判定：如果以上测评实施内容为肯定（“是”），则符合本测评指标要求，否则不符合本测评指标要求。此外，根据初测，不同平台对用户画像设置了不同的操作，有平台用户可自行设计画像，因此该项采取梯度分数。

4. 对公众权利实现的响应

（1）测评指标：查阅权、复制权、更正权、撤回同意权、删除权、注销权是个人实现对其个人信息控制的重要权利，当个人行使上述权利时，平台企业应提供便捷的方式和途径接受、处理个人关于上述权利的请求；接到个人的请求后，应当在合理的时间内对其权利进行响应。

（2）测评对象：App 隐私政策文本、App 客户端。

（3）测评实施包括以下内容：

a. 核查平台企业是否支持用户自请求提出之日起 3 个工作日内查阅个人信息；

b. 核查平台企业是否支持用户自请求提出之日起 3 个工作日内复制个人信息；

c. 核查平台企业是否支持用户自请求提出之日起 3 个工作日内更正个人信息；

d. 核查平台企业是否支持用户自请求提出之日起 3 个工作日内对个人信息撤回同意；

e. 核查平台企业是否支持用户自请求提出之日起 7 个工作日内删除个人信息；

f. 核查平台企业是否支持用户自请求提出之日起 7 个工作日内注销账户。

（4）指标判定：如果以上测评实施内容为肯定（“是”），则符合本测评指标要求，否则不符合本测评指标要求。

（四）“平台治理”测评指标内容具体说明

1. 平台规则

（1）测评指标：个人信息处理不得秘密进行，公开、透明原则是平台企业应当遵循的基本原则之一，平台企业应制定平台规则，明确平台内产品或者服务提供者收集个人信息的规范，接受监管部门、社会和个人的监督。

（2）测评对象：平台规则文档。

（3）测评实施：核查平台企业是否制定平台规则，明确平台内产品或者服务提供者收集个人信息的规范。

（4）指标判定：如果以上测评实施内容为肯定（“是”），则符合本测评指标要求，否则不符合本测评指标要求。

2. 治理实践

（1）测评指标：平台企业采取必要措施处置利用其平台服务进行违法信息传播的行为，每年对平台内产品或者服务提供者个人信息处理行为进行抽检，针对严重违反法律、行政法规处理个人信息的平台内的产品或者服务提供者，停止提供服务；为更好接受个人监督，应公开用户投诉渠道。

（2）测评对象：抽检报告文档、处罚通知文档、App 客户端、隐私政策文本、相关制度文档。

（3）测评实施包括以下内容：

a. 核查平台企业是否每年对平台内产品或者服务提供者个人信息处理行为进行抽检；

b. 针对严重违反法律、行政法规处理个人信息的平台内的产品或者服务提供者，核查平台企业是否停止提供服务；

c. 核查平台企业是否公开用户投诉渠道。

（4）如果以上测评实施内容为肯定（“是”），则符合本测评指标要求，否则不符合本测评指标要求。

（五）“社会责任报告”测评指标内容具体说明

1. 平台概况

（1）测评指标：企业社会责任是企业在严格履行法定义务的基础上，自愿承担的对利益相关者以及社会公共利益的责任。平台企业负有个人信息保护法定义务，应当在法定义务基础上不断提高个人信息保护水平，要求在社会责任报告中说明平台所提供服务涉及的类型、平台旗下的主要服务应用，各主要服务应用收集个人信息的类型。

（2）测评对象：社会责任报告文档。

（3）测评实施包括以下内容：

a. 核查平台企业社会责任报告是否说明平台所提供服务涉及的类型；

b. 核查平台企业社会责任报告是否说明平台旗下的主要服务应用（下设的 App 或小程序等）；

c. 核查平台企业社会责任报告是否详细说明各主要服务应用收集个人信息的类型。

（4）如果以上测评实施内容为肯定（“是”），则符合本测评指标要求，否则不符合本测评指标要求。

2. 报告发布

（1）测评指标：为推动形成全社会共同努力提高个人信息保护水平的良好氛围，平台企业应应定期发布社会责任报告，接受社会监督；社会责任报告应便于下载和查看。

（2）测评对象：社会责任报告文档、平台企业发布社会责任报告的官网或其他渠道。

（3）测评实施包括以下内容：

a. 核查平台企业社会责任报告是否于每年 11 月 1 日前发布；

b. 核查平台企业社会责任报告是否便捷下载、查看。

（4）如果以上测评实施内容为肯定（“是”），则符合本测评指标要求，否则不符合本测评指标要求。

三　大型网络平台（“守门人”）测评对象选取

本次测评选取了 18 家大型网络平台企业作为测评对象，选取依据主要根据《个人信息保护法》第五十八条的定义：“提供重要互联网平台服务、用户数量巨大、业务类型复杂”，并参照《互联网平台分类分级指南（征求意见稿）》《互联网平台落实主体责任指南（征求意见稿）》。

对于“提供重要互联网平台服务”的界定，课题组选择了与公众日常生活连接紧密的主流平台以及旗下的代表企业，并且参照了市值或估值超千亿人民币的量化标准。

对于“用户数量巨大”的界定，根据年度活跃用户、注册用户，设定了1亿的标准线。

对“业务类型复杂”的理解，按照《互联网平台分类分级指南（征求意见稿）》，至少存在两种业务类型的大型网络平台被纳入测评。

表4－2

公司	平台名称	用户规模（亿）	市值/估值（亿元）	业务种类
腾讯	微信	12.9	17800	社交娱乐、信息资讯
蚂蚁集团	支付宝	10	21000	生活服务、金融服务
阿里巴巴	淘宝	9	12619.71	网络销售、生活服务
拼多多	拼多多	7.3	4864	网络销售、生活服务
美团	美团 App	6.9	6992	网络销售、生活服务
百度	百度 App	6.3	2026	社交娱乐、信息资讯
字节跳动	抖音	6	22500	社交娱乐、信息资讯
新浪	新浪微博	5.8	189	社交娱乐、信息资讯
京东	京东	5.7	4467	网络销售、生活服务
顺丰	顺丰速运	5.4	2428	生活服务、网络销售
快手	快手	5.1	1287	社交娱乐、信息资讯
小米	小米应用商城	5	2015	计算应用、生活服务
滴滴出行	滴滴出行	4.9		生活服务、网络销售
中国银联	云闪付	4.5		金融服务、生活服务
华为	华为应用商城	4.2	10000	计算应用、生活服务
携程	携程旅行	4	1078	生活服务、社交娱乐
小红书	小红书	2	1449	信息咨询、社交娱乐
网易	网易云音乐	1.8	2699	社交娱乐、信息资讯

数据来源：财报、官网、公开报道。

注：截止时间：2022年10月30日。

选取测评的18家大型网络平台企业分别为阿里巴巴、腾讯、字节跳动、美团、京东、拼多多、蚂蚁、华为、百度、新浪、网易、小米、快手、滴滴、携程、顺丰、小红书、中国银联，测评选取了这些大型网络平台企业旗下的代表性App。

测评对18家大型网络平台企业的代表性App做出测评，根据公开的可查询渠道，严格依据测评指标，实测上述大型网络平台的社会责任履行情况。

四 测评整体分析

经过本书写作团队多轮测评，测评结果显示，目前各大型网络平台App基本满足《个人信息保护法》中对个人信息采集、存储、传输、使用以及相关制度体系公示的基本要求，且部分平台基于自身平台业务发展在用户行权、流程公示等方面进行了前沿探索。不过，在设立外部独立监督机构、发布企业个人信息保护社会责任报告等方面绝大部分平台尚未有突破，仍有较大的提升空间。

具体来看各个指标的表现情况：

1. 在制度体系建设方面，测评主要围绕隐私政策文本以及个人信息分类管理机制开展

第一，隐私政策文本应体现其独立性和易读性，清晰说明各项业务功能及收集个人信息类型，清晰说明收集使用个人信息行为，明确平台对用户权利保障。

就测评情况而言，不少平台已更迭自身的隐私政策，整体来看，对个人信息采集、存储、共享、传输、使用以及用户行权情况进行了基本说明；所有App均在隐私政策中根据服务类型的不同对采集

的个人信息种类进行了分类，较为清晰地列举了用户使用何种功能所需的个人信息类型；大部分平台都提供了隐私政策概要，采取个人信息采集清单等易于理解的形式，简单、直观地体现收集和使用个人信息的类型和场景。

对于需要与第三方共享个人信息的情况，所测 App 基本列出了涉及个人信息数据传输的第三方 SDK 清单，并对信息的使用目的、使用场景等进行了说明。不过，在第三方联系方式公示方面，大部分 App 采取的是直接贴出第三方隐私政策链接的形式，对第三方收集的信息展示不够直观，并且存在可直接跳转、可复制跳转、不可复制的查询便捷度差别。

第二，不同类型的个人信息对个人、企业的重要性不同，企业应根据个人信息所属类型给予不同程度的保护，加强对敏感个人信息的保护。经过测评发现，相关工作仍存在较大的提升空间，部分 App 隐私政策中并未明确区分或说明采集敏感个人信息；在获取用户身份信息、人脸信息等相关敏感信息时单独同意的提醒方式不够显著，甚至存在未进行提示的情况；部分 App 对用户的敏感个人信息有单独同意的程序，但对于平台内经营者的个人敏感信息采集不够规范，没有相关提示。

2. 组织架构方面，测评集中考察相关企业的工作架构以及独立监督机构设置情况

根据《个人信息保护法》等相关法律法规，平台应制定内部个人信息保护的工作架构，设立个人信息保护工作机构，确定个人信息保护负责人，落实个人信息保护责任。从测评结果来看，绝大部分测评对象已在内部建立专门的个人信息管理部门，统筹相关合规事宜，且通过隐私政策或官网等渠道给出相关部门的联系方式，用户可通过联系主管部门或客服渠道实现对个人信息权利的行使。

《个人信息保护法》第五十二条规定，处理个人信息达到国家网信部门规定数量的个人信息处理者应当指定个人信息保护负责人，负责对个人信息处理活动以及采取的保护措施等进行监督，个人信息处理者应当公开个人信息保护负责人的联系方式。但从测评结果来看，目前大部分 App 隐私政策所公示的个人信息保护负责人大部分均未明确其身份或职务，联系方式大部分为部门的电话或邮箱，用户无法获知负责人的具体职务信息和其对自己个人信息承担的责任，相关公示内容有待进一步完善。

在独立监督架构方面，同样存在不少问题。根据《个人信息保护法》第五十八条规定，大型网络平台应“成立主要由外部成员组成的独立机构对个人信息保护情况进行监督”。但目前来看，仅有个别平台企业对外表明，已开展外部独立监督机构建设，且就测评团队与企业、研究机构等相关单位交流结果看，目前关于外部独立监督机构在人员选择、组织架构等方面仍未有细则标准，成为该机构难以落地的重要原因。

在已经公开表示将会设立外部监督机构的企业（腾讯、携程），目前也尚未有进一步动态，关于监督机构成员的选聘过程、人员构成比例、具体工作内容，或许需要更为明确的监管规则或业界实践加以指引。

3. 合规实践层面，部分内容参考了《信息安全技术　个人信息安全规范》（GB/T 35273－2020），对平台企业处理个人信息的具体操作流程进行了测评

第一，个人信息存储和传输已有很大的提升，所有平台企业均表示自己采用了加密、去标识化等技术手段实现对个人信息的存储、传输，保障其安全性，技术层面安全保障落实情况良好。

目前主要的问题在于：（1）《个人信息保护法》规定在向其他

个人信息处理者提供个人信息时，相关主体也需要取得用户的单独同意。目前所测 App 普遍采取的做法是在用户初次使用 App 时以弹窗或勾选的形式让用户对第三方 SDK 传输清单进行确认，用户缺乏对第三方共享个人信息的直观认识，且这种“一键打包”同意的形式是否属于单独同意范畴存在一定争议，建议在用户授权第三方 SDK 时，可以勾选同意授权的 SDK 对象，或选择在接下来每次调取前单独确认，进一步落实用户对于自身个人信息向外共享的控制权。

（2）存储期限的问题较为突出，虽然所有 App 均表明，自身将遵守最小期限存储原则，但对于哪类信息、以何种标准、存储多久这些关键信息，大部分隐私政策均语焉不详，这些隐私政策多宣称“我们会将产品所需个人信息根据不同的合法处理理由所需的保存期限内进行保存”，“所述目的所必需且最短时限内存储您的信息”“按照相关法律法规”等，但鲜有具体说明存储期限的；仅个别 App 简单进行了举例，说明平台内录音和录像的存储期限。

第二，在公众关心的个性化推荐方面，《个人信息保护法》规定：通过自动化决策方式向个人进行信息推送、商业营销，应当同时提供不针对其个人特征的选项，或者向个人提供便捷的拒绝方式。所有 App 基本落实了关闭个性化推荐的便捷选项，但部分 App 的表述是“限制”或“减少”个性化推荐，而非完全关闭。

第三，《个人信息保护法》赋予用户充分权利，包括查阅、复制、更正、撤回同意、删除、注销账号等，企业对公众权利实现的响应是对个人信息主体的权利救济。根据测评结果，所测 App 除个别因技术手段或业务类型难以实现对用户行权的响应，绝大部分 App 均设置了较为便捷的行权渠道。其中，查阅权、更正权、撤回同意大部分在 App 内即可实现，部分 App 还提供了个人信息搜集清单的功能，用户可按照种类查看自身被调取的个人信息类型和使用的次数。在复制权和删除权方面，部分权利响应需要发送邮件请求，用户行权程序较为复杂。

4. 平台治理方面，本次测评主要检验平台是否规范了平台参与者的用户个人信息处理行为

在实践中，平台参与者的构成和种类往往是复杂的，例如在电商平台，店铺商家、直播者商品内容测评创作者乃至普通用户均可被视为平台参与者。需要说明的是，本次测评主要选取在平台上为其他用户提供商品或服务，能够接触到1—3类用户个人信息的主要平台参与者，以用户的视角在App、官网等渠道进行检索，检验平台是否制定平台内经营者规则来保护用户个人信息权益，并对相关规定在公开渠道进行了公示。

从测评结果看，超过半数的平台均发布了相关管理条例或社区公约，要求平台参与者保障个人信息安全，包括：平台参与者需获得用户授权、不得随意公开用户信息、不得随意管理、跟踪用户账号等，并为用户提供了针对平台参与者不合规行为的投诉渠道。部分平台会设置“规则中心”，集纳平台公告、规则，相关规则展示较为完善。

需要指出的是，部分平台则对平台内部个人信息处理者的要求相对较为笼统、模糊，只简单说明平台内部个人信息处理者需要进行个人信息保护或采取相关措施，但并未根据平台属性和个人信息处理者在平台从事的具体服务类型落实具体的责任要求，其规则需进一步细化明晰。

此外，平台治理实践及其公示情况仍存在不足，目前只有少数平台企业表明会定期对平台参与者个人信息合规情况进行检查，且对不合规的主体进行惩处，例如华为应用商店在每个应用介绍界面

均给出了该 App 采集的隐私信息和需要的权限内容，且定期进行检查，下架违规应用，对结果进行公示。但其他电商类、内容服务类平台，虽然部分 App 也存在对违规主体的公示情况，但并未专门披露其个人信息违规的情况，且未公开公示周期和检查机制。

11:35

← 权限

检测出此应用获取 21 个敏感隐私权限：

1.完全的网络访问权限
2.录制音频
3.访问确切位置信息（使用 GPS 和网络进行定位）
4.连接 Wi-Fi 或断开连接
5.拨打电话
6.读取存储卡中的内容
7.更改网络连接性
8.修改系统设置
9.安装快捷方式
10.查看 Wi-Fi 连接
11.查看网络连接
12.新建/修改/删除日历
13.控制近距离通信
14.读取联系人
15.相机
16.访问大致位置信息（使用网络进行定位）
17.使用指纹硬件
18.修改或删除存储卡中的内容
19.显示在其他应用上面
20.与蓝牙设备配对
21.读取日历

《报告》显示，2021 年华为应用市场处理了超过百万次应用上架申请，其中在 24 小时内审核完成的审结率达 95%；同时对隐私政策、游戏防沉迷系统、应用内广告、未成年人保护、应用“变脸”等专项展开复测，复测应用超过 20 万款，主动处置问题应用超过 6 万款，高效而显著地降低了使用应用的风险，让应用下载更放心。

图 4－1　华为应用商店 App 隐私权限公示截图及报告中涉及违规 App 处理情况截图

5. 社会责任报告是明显薄弱环节，绝大多数测评对象为公布个人信息保护社会责任报告

《个人信息保护法》第五十八条明确规定大型网络平台需定期发布个人信息保护社会责任报告，接受社会监督。就目前在 App 内及企业官网等渠道查询的情况来看，纵观 18 个测评对象的个人信息社会责任报告情况，披露信息质量参差不齐。在部分 App 及其开发者的社会责任报告中，仅有一小段简单提及会重视个人信息保护，具体采集的个人信息类型、应用情况等关键内容并非在所有报告中均被提及。大部分企业均采用在整体 ESG 报告、社会责任报告中设置一个专题或章节的形式，对个人信息合规情况进行说明，例如微信 ESG 报告在“负责任产品”章节中对隐私保护的管理方法、方法和程序、安全保障等方面的内容进行了展示，披露了个人信息保护的安全原则、监管要求、技术手段等。

目前《个人信息保护法》落地已有一年，就测评结果而言，只有少数企业专门针对个人信息或数据安全情况做出了社会责任报告，且根据实际提供的服务不同对相关情况进行分类说明（华为、百度），行业整体对个人信息保护社会责任报告的落实情况有待进一步提升。

6. 部分平台合规举措具有借鉴意义，一家平台专门发布个人信息社会责任报告

本次测评结果显示，华为应用商店、百度、微信、抖音、支付宝六款 App 整体得分相对较高，个人信息保护体系相对较为完善，整体表现相对较好；美团、京东、小米应用商店、网易云音乐、快手、携程、滴滴出行、顺丰、新浪微博九款 App 也采取了一些个人信息保护措施，但在个别方面仍有改善空间。

在测评中发现，一些 App 在实践中的做法较有价值，具有借鉴意义。

第一，在信息分类管理方面，快手 App 对个人敏感信息的定义和类型进行了明确说明，并在陈述不同应用场景个人信息采集情况时，对涉及个人敏感信息的部分进行了“下划线 + 加粗”的醒目提示，便于用户辨别理解。携程制定了专门的《携程儿童个人信息保护规则及监护人须知》，并对敏感个人信息作出特别标注；在敏感个人信息的单独同意授权中，权限调用时会出现弹窗（如位置授权）；在实名认证环节，涉及真实姓名、身份证时，以勾选同意《身份信息验证服务协议》的形式获得授权。

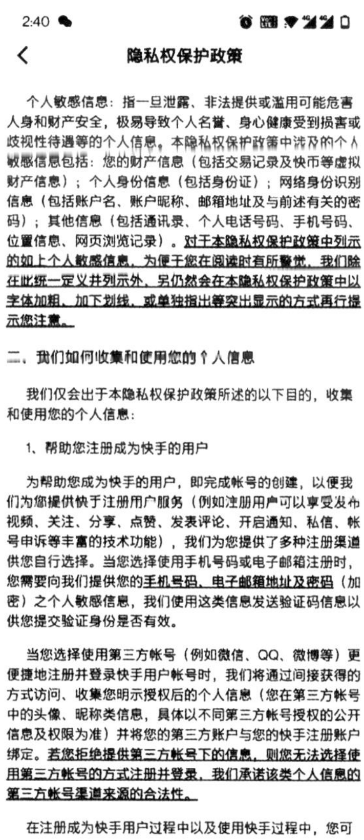

2:40

隐私权保护政策

个人敏感信息：指一旦泄露、非法提供或滥用可能危害人身和财产安全，极易导致个人名誉、身心健康受到损害或歧视性待遇等的个人信息。本隐私权保护政策中涉及的个人敏感信息包括：您的财产信息（包括交易记录及快币等虚拟财产信息）；个人身份信息（包括身份证）；网络身份识别信息（包括账户名、账户昵称、邮箱地址及与前述有关的密码）；其他信息（包括通讯录、个人电话号码、手机号码、位置信息、网页浏览记录）。**对于本隐私权保护政策中列示的如上个人敏感信息，为便于您在阅读时有所警觉，我们除在此统一定义并列示外，另仍然会在本隐私权保护政策中以字体加粗、加下划线，或单独指出等突出显示的方式再行提示您注意。**

二、我们如何收集和使用您的个人信息

我们仅会出于本隐私权保护政策所述的以下目的，收集和使用您的个人信息：

1、帮助您注册成为快手的用户

为帮助您成为快手的用户，即完成帐号的创建，以便我们为您提供快于注册用户服务（例如注册用户可以享受发布视频、关注、分享、点赞、发表评论、开启通知、私信、帐号申诉等丰富的技术功能），我们为您提供了多种注册渠道供您自行选择。当您选择使用手机号码或电子邮箱注册时，您需要向我们提供您的**手机号码、电子邮箱地址及密码**（加密）之个人敏感信息，我们使用这类信息发送验证码信息以供您提交验证身份是否有效。

当您选择使用第三方帐号（例如微信、QQ、微博等）更便捷地注册并登录快手用户帐号时，我们将通过间接获得的方式访问、收集您明示授权后的个人信息（您在第三方帐号中的头像、昵称类信息，具体以不同第三方帐号授权的公开信息及权限为准）并将您的第三方账户与您的快手注册账户绑定。**若您拒绝提供第三方帐号下的信息，则您无法选择使用第三方帐号的方式注册并登录，我们承诺该类个人信息的第三方帐号渠道来源的合法性。**

在注册成为快手用户过程中以及使用快手过程中，您可

图 4－2　快手隐私保护政策截图

第二，个性化推荐管理的实践中，淘宝、百度等 App 均设置了选项功能，使用户可以直接调整自己的兴趣内容，保障用户对个人信息处理结果的决定权。而选择停用相关标签后，App 将停止或减少对相关内容的推送比例，相较于被动选择“不感兴趣”的方式，这种标签选择的做法一方面可以让用户了解自己的用户画像情况，另一方面在个性化选择中掌握更为主动的行权途径。

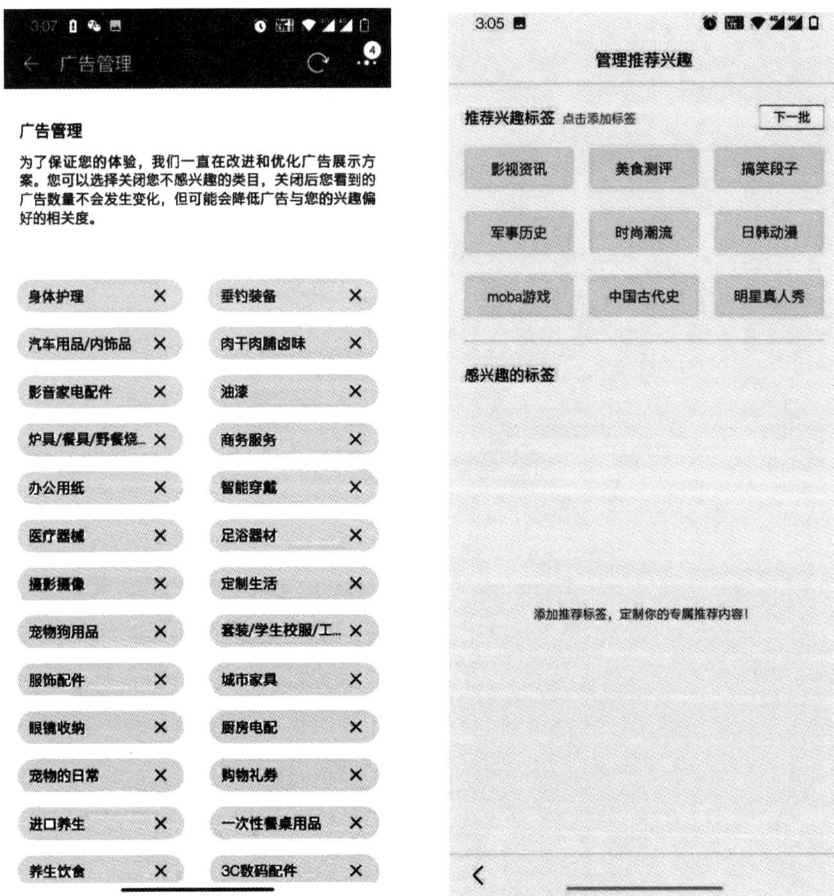

图 4－3　淘宝、百度 **App** 个性化标签选择界面

第三，独立监督机构的设置虽存在普遍的短板，但根据目前公开的信息，腾讯和携程公布了招募启事。腾讯的招募公告显示，委员会首批成员暂定为15人，计划包括法学与技术专家、行业协会代表等个人信息保护领域的专业人士，也将涵盖律师、媒体以及其他公众。首批成员将通过公开招募和定向邀请等方式产生。工作内容将包括但不限于：结合相关法律法规要求，独立评议腾讯公司及各产品隐私保护相关工作、提出指导和修改建议等。

第四，社会责任报告方面，在普遍水位线偏低的情况下，华为专门针对个人信息或数据安全情况做出了社会责任报告，发布《华为应用市场2021年度安全隐私报告》，其中提到，华为应用市场不断强化隐私保护功能、优化信息呈现方式，无论是用户的知情权和对个人信息的自主控制权，还是儿童保护方案，都有明显的优化和提升。华为应用市场还公布了在平台内的治理情况，2021年华为应用市场处理了超过百万次应用上架申请，其中在24小时内审核完成的审结率达95%；同时对隐私政策、游戏防沉迷系统、应用内广告、未成年人保护、应用“变脸”等专项展开复测，复测应用超过20万款，主动处置问题应用超过6万款。

第五章

技术篇：个人信息保护的技术治理

在治理活动中，治理主体需要根据理性认知与经验总结搭建起相应的“理想类型”以作为开展治理活动的基本方针，技术工具则是将治理的“理想类型”落地的具体手段，技术工具既可以指管理、组织、制度等抽象工具，也可以指马车、蒸汽机、电动机等具象工具。进入现代社会，信息技术则成为一种具有革命性、创新性的具象工具，并在技术治理中占据主导性地位。①

习近平总书记在党的十九届四中全会上提出，建立健全运用互联网、大数据、人工智能等技术手段进行行政管理的制度规则，推进数字政府建设。国家“十四五”和中长期发展规划纲要明确提出，加快建设数字经济、数字社会、数字政府，以数字化转型整体驱动生产方式、生活方式和治理方式变革。新一代信息科学技术快速发展，对经济社会发展产生了深远影响。

在个人信息保护方面，由于个人信息处理者往往是通过信息技术开展个人信息处理活动，依托科技个人信息得以有效地使用，亦依靠科技对个人信息进行规范、保护。隐私计算、去标识化和匿名化等技术手段可以提高个人信息处理过程中的安全性与灵敏度，监控范围远超人工监管，例如通过对收集的个人信息进行统计、梳理和计算，实现全域数据风险可视化，监管可能出现的数据风险并及时预警，以采取补救措施；自动化审计系统的建立亦可以监测记录个人信息处理活动，发现是否存在个人信息违规使用、滥用情况，

---

① 胡业飞：《国家治理与创新的长周期演化：对技术治理的重新理解》，《学海》2021年第3期。

为安全事件的处置、应急响应和事后调查提供支撑。技术既是实现个人信息处理的主要方式，也是落实个人信息处理规范要求的有效路径。

一 合规科技赋能个人信息保护

随着《个人信息保护法》以及相关规范要求的逐步落实，我国个人信息保护规范力度进一步提高。但“徒法不足以自行”，特别是数字经济的快速发展和数字社会的深度演进，一方面个人信息利用与流动对促进数字经济具有重要意义，另一方面，个人信息滥用、泄露等问题非常突出。个人信息利用和保护之间的矛盾不仅影响了个人信息主体的权益实现，还影响经济社会发展稳定乃至国家安全。以往依靠个人信息保护立法及执法的方式往往难以有效保护个人信息权益。面对新形势、新特点，在完善个人信息保护立法、加强执法的法律手段基础上，监管部门和个人信息处理者需要进一步促进个人信息保护创新，更好发挥技术手段在个人信息保护中的积极作用。《数据二十条》提供了利用技术手段保护个人信息的思路，比如建立数据可信流通体系，增强数据的可用、可信、可流通、可追溯水平，实现数据流通全过程的动态管理，在合规流通使用中激活数据价值。通过可信计算、数据全流程实时管理系统等合规科技加强个人信息保护，利用技术优势积极打击侵犯个人信息主体合法权益的行为，避免个人信息被不法分子非法利用，保护个人信息安全。

（一）合规科技应用于个人信息保护的目标

合规科技的理念源于欧美立法者广泛推崇的“通过设计保护隐私（privacy by design）”，其基本思想是企业在创建和开发新软件产品时就要将数据安全需求嵌入其中，成为软件设计规范的一种具象化形态，并使之成为一种习惯，而不是出现问题之后才将法律规则赋予其上。[①] 从学理上说，以数据为驱动力，以区块链、云计算、人工智能等技术为依托，以提高合规和监管效率为价值导向，以标准化、数字化、智能化为特征的解决方案，都可以统称为“合规科技”。[②]“数据合规科技”则是在保证隐私保护前提下实现数据价值挖掘的应用手段的统称，包括但不限于以多方安全计算、联邦学习、可信执行环境为代表的隐私计算技术以及低代码、零代码为核心的“软件即服务”（SaaS）平台等。[③]

合规科技最早应用于金融行业，旨在提升监管有效性、提高合规效率及降低合规成本。合规科技在个人信息保护领域的应用日益广泛，不仅有效地保护用户在个人信息处理活动中的权利，还提供了更加智能和高效的解决方案。个人信息处理合规科技还可以进一步与企业合规不起诉制度相结合，更好地确保企业真整改、真合规。

个人信息处理合规科技是以合法、正当、必要、诚信原则为指

① Rubinstein. I S.，Good N.，“Privacy by design：A counterfactual analysis of Google and Facebook privacy incidents”，*Berkeley Tech. LJ*，2013，28：1333.

② 丁晨：《新形势下的合规科技创新——数据驱动的智能风险分析体系》，《清华金融评论》2019 年第 6 期。

③ 唐林垚：《数据合规科技的风险规制及法理构建》，《东方法学》2022 年第 1 期。

导，将抽象的法律规定的个人信息处理规则与具体的业务场景结合，建立个人信息处理合规规则引擎的基础上，[①] 综合运用数据加密、数据脱敏、结构化和非结构化数据语义理解、分析推理、风险智能识别、智能控制、智能决策等关键技术，结合必要的区块链、密码学、隐私计算等技术，实现个人信息处理规则、规范和标准表达代码化、执行自动化、监测可视化，确保个人信息处理全流程动态合规的新兴技术。这里的个人信息处理规则既包括《网络安全法》《数据安全法》《个人信息保护法》等相关法律法规一般规范，也包括电信、金融、医疗、互联网等相关行业领域的特别规范，还包括相关技术标准以及特定企业自身承诺的个人信息保护隐私政策规范。上述理念强调的是，个人信息保护的法律法规及相关技术标准不仅是文字性的法言法语，更是可以实现人与计算机之间进行有效沟通的代码化的表达方式。

（二）发展个人信息处理合规科技的要求

个人信息处理合规科技应用发展有着广阔前景，需注意把准方向，以免陷入误区，企业在发展个人信息处理合规科技应用时应遵守以下两点要求。

第一，个人信息合规科技是一个系统工程。成功的合规科技产品，既要覆盖个人信息处理全周期的各环节，也要与企业的整个数据治理平台系统相融合，在完成合规使命的同时，进一步提升数据要素价值。实践中企业经常使用的个人信息处理合规评估工具并非

---

① 规则引擎是一种软件工具或系统，用于管理和执行规则的集合。See Neelima，Kenpi，and S. Vasundra，“Machine learning-based business rule engine data transformation over high-speed networks”，*Computer Assisted Methods in Engineering and Science*，2022（30）：55 – 71.

是合规科技的核心技术。合规评估工具重在评估隐私政策文本，虽然可以应用自然语言学习等前沿技术，但并不能深入企业管理实践和业务流程内部，难以掌握真实的个人信息处理活动，即便得出合规的结论，也不能让监管部门真正放心、个人用户真正安心。合规科技需要直面技术运行和数据处理一线，通过把握、纠偏实际业务活动，确保真合规、动态合规。

第二，个人信息合规科技的实质是“法律＋科技”，法律解释应用能力和技术表达执行能力不可偏废。实践中，个人信息处理活动应用区块链、隐私计算等技术，即便提高了安全性，也并不必然合规。例如，隐私计算的应用从技术角度确实能有效保护个人信息在数据处理环节中的安全流动，但如何在符合个人信息保护的要求下使用隐私计算技术，现有法律法规及相关标准等并无明确界定，这成为制约隐私计算发展的无法回避的问题。[①]

解决上述问题需要科技专家与理论和实务界法律专家团队的密切合作，法律专家应积极推动法律法规明确给出技术应用的具体路径，科技专家应加速区块链、隐私计算等技术与其他技术的协同以推进合规科技大规模落地应用。

发展个人信息处理合规科技，要完善政策机制，为个人信息处理合规科技创新发展提供支持、指引和激励。第一，在司法政策上要明确将应用合规科技作为企业合规计划、合规管理体系的重要内容，逐渐以可靠的合规技术替代合规监管人。第二，基于个人信息保护一般规范和特别规范，对市场上不同类型的合规技术进行分类评价，为不同类型和规模的企业提供应用指南。第三，结合金融行业、医疗行业、政务行业等不同行业的应用场景，发布个人信息保

① 闫树、吕艾临：《隐私计算发展综述》，《信息通信技术与政策》2021 年第 6 期。

护合规创新试点方案，培育可靠合规技术产品，并在充分试点基础上全行业推广应用。第四，结合典型案例，推进个人信息合规科技应用的最佳实践，在进行声誉奖励激励的同时，明确行业标准。第五，转化个人信息合规科技成功应用成果，开发个人信息合规监管科技，取证固证的司法科技。

二 匿名化、去标识化的区分和适用

（一）匿名化和去标识化的区分

《个人信息保护法》中对“匿名化”与“去标识化”分别进行了定义。“匿名化”指的是个人信息经过处理无法识别特定自然人且不能复原的过程，“去标识化”则指使个人信息在不借助额外信息的情况下无法识别特定自然人的过程。虽然从定义上可以清晰分析出，“匿名化”与“去标识化”的区别在于经过处理的个人信息是否能复原（不可复原性），以及是否能在借助额外信息的条件下关联到自然人（不可识别性），但在现实的技术实践中，二者的区别并不简单。

对比不同国家对去标识化和匿名化的定义亦可看出二者实践中的模糊，欧盟和美国还引用了“假名化”的概念。“去标识化”“匿名化”与“假名化”都是数据脱敏的重要手段，但在不同国家的规定中内涵各有不同。我国使用的是“去标识化”和“匿名化”的概念，“假名化”属于去标识化的一种技术手段。欧盟 GDPR 中使用的是“假名化”和“匿名化”，其假名化与我国去标识化内涵类似，是指通过对个人信息的技术处理，使其在不结合额外信息的情况下，无法识别特定数据主体，且额外信息被分开存储并受技术、管理措施的保护；匿名化的内涵与我国相比更加宽松，如果数据处理者“采用了所有合理可能的方法仍无法直接或间接识别数据主体”的，可视为匿名化。美国《加利福尼亚州消费者隐私法》使用的是“假名化”和“去标识化”，并未对匿名化作出概念上的规定，其假名化与我国去标识化内涵类似；但其去标识化与我国匿名化内涵不同，将去标识化描述为“无法合理地、直接或间接地识别、关联到特定的个人”而且处理者确保其“不会进行重标识”。通过对比发现，美国定义下的去标识化和欧盟所规定的匿名化十分相近，前者强调数据处理者确保自身不会进行重标识，后者强调数据处理者“采用了所有合理可能的方法”，我国则是明确了不能复原的要求，却没有对此进行详细说明。

目前的技术水平无法将个人信息处理为理想的完全匿名状态。与“匿名化”的相对概念是“去匿名化”，即将已经匿名的个人信息通过技术手段“复原”，从而可以关联到特定自然人。从上文可知，美国的“去标识化”并未要求数据不可复原，因此增加了“去匿名化”案例出现的风险。例如2015年美国数据匿名化和隐私领域的研究员Latanya Sweeney在华盛顿购买了35名患者的匿名化医疗数据，在通过交叉比对该州2011年以来所有相关新闻和匿名数据库后，最终实现了这35名患者医疗数据的“去匿名化”。[①]可见在数据化时代，通过比对批量数据，匿名数据的“去匿名化”并非不可能。另一方面，利用加密、假名等手段匿名化的数据，虽然通过替代原有标识的手段去除了个人信息与信息主体之间的

① Tyler Elliot Bettilyon, Why “Anonymized Data” Isn't So Anonymous, https://onezero.medium.com/why-anonymized-data-isn-t-so-anonymous-535d2db75a2d。

关联，但同时亦建立起替代标识和原信息主体间的新的联系，这本身就存在被还原的可能和风险——不论是个人信息处理者还是其他第三方。因此，匿名化的不可复原性质在现实中存在种种实现难点。

去标识化程度的提高是无限接近匿名化的过程。去标识化和匿名化的首要步骤都是去除个人信息主体的直接标识符，包括姓名、居民身份证号码、护照号等任何在特定环境下可唯一识别个人的号码、特征或代码。从技术层面来说，使用加密、假名等亦是去标识化的常用手段。《信息安全技术　个人信息去标识化效果分级评估规范（征求意见稿）》（以下简称"《分级评估规范（征求意见稿）》"）将去标识化后的数据按照重新关联到原始个人信息主体的风险划分为不同等级（详细见图 5－1），由 1 级"能直接识别主体的数据"，到 4 级"聚合数据"，数据可被重新关联到特定自然人的风险逐渐下降，也越来越接近匿名化数据状态。但对于匿名化的具体规范和要求，我国并未有细化的评估规范或指南，因此，理论和实践都无明确的统一标准细则划分深度去标识化和匿名化，或技术手段衡量个人信息处理者是否达到匿名化的要求。

由此可看出，虽然在法律标准上匿名化和去标识化的概念比较清晰易懂，但在技术实践中二者并不能简单地分离。二者理论上的区分之所以重要，是因为这是确定我国《个人信息保护法》管辖范围的关键。《个人信息保护法》第四条明确规定，个人信息不包括匿名化处理后的信息。如果没有在考虑现实技术的基础上对匿名化进行详细规范，那么《个人信息保护法》将会在现实层面遇到适用困难。确立统一的匿名化技术标准和法律规范细则是目前适用《个人信息保护法》的重中之重。

（二）去标识化的适用

《分级评估规范（征求意见稿）》将个人信息重标识的风险分为四级（见图5－1），并对其分级标准进行了详细说明：1级为包含直接标识符的数据，在特定环境下能直接识别信息主体；2级是删除了直接标识符，但包含准标识符的数据（如性别、生日等可以关联识别个人身份的数据）；3级与2级的区别为重标识风险阈值是否低于0.05，但对如何得出0.05这一阈值的计算过程并未详细解释；4级则是不再包含个例数据的聚合数据，如总计数、最大值、平均值等。

重标识风险增大

4级	聚合数据
3级	重标识风险可接受数据
2级	消除直接标识符的数据
1级	能直接识别主体的数据

图5－1　个人信息标识度分级

在个人信息标识度分级的基础上，《分级评估规范（征求意见稿）》对个人信息去标识化效果评定流程进行了说明（见图5－2），包括去标识化定性评定和重标识风险定量计算：（1）接收待评估数据集、数据共享类型（若不给定，默认为完全公开共享）及设定的重标识风险阈值（若不给定，默认为0.05）；（2）结合个人信息标识度分级，定性评估数据集去标识化处理情况；（3）判断是否为聚合数据，如果“是”则评定为4级，“否”则进行下一步判断；（4）判断是否消除了直接标识符，如果“否”则评定为1级，“是”则进行下一步判断；（5）根据《分级评估规范（征求意见稿）》第5.2节方法，定量计算重标识风险，并进行下一步判断；（6）比较重标识风险与给定风险阈值大小，如果小于风险阈值则评定为3级，否则评定为2级。

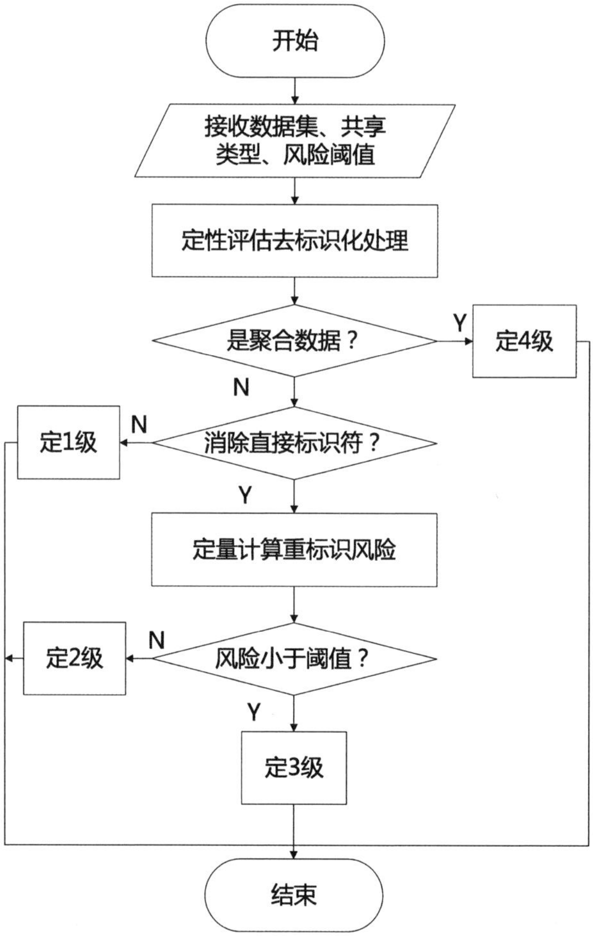

图5－2　个人信息去标识化效果评定流程

从识别难度看，4 级和 1 级分别对应重标识风险的两个极端，前者代表风险极低，后者代表风险极高或可以直接识别，因此这两个级别的评定是简单和快捷的；从数据类型看，只有排除掉 4 级、1 级数据才可能属于 3 级、2 级，在评定流程中，需要先从第 4 级和第 1 级评定个人信息标识度，再评定第 3 级和第 2 级。

（三）匿名化等技术适用的探索

由于没有针对匿名化的评估规范，借鉴上文的重标识风险等级图，4 级聚合数据可以理解为无限接近匿名化结果的数据。虽然随着技术的发展，匿名化的水平将会大大提升，但与之相对的去匿名化技术亦会提高。普遍的匿名化适用标准不应当只是依赖于技术的发展，同时也要配合法律的制定和实施，以确保相关主体的合法权益得到适当的保障。

与匿名化技术适用问题相似的是隐私计算技术的适用。隐私计算是在保护数据本身不对外泄露的前提下实现数据分析计算的技术集合，达到对数据“可用不可见”的目的。由于现有技术无法保证隐私计算的加密机制完全安全，且通过隐私计算输出的不含个例信息的结果可以通过其他关联性数据生成特定主体的部分用户画像，所以隐私计算是无法完全保证个人信息安全的。另外，隐私计算的目标是将数据所有权和数据使用权相分离，但现有法学理论对数据所有权归属存在较大争议。因此，技术和理论的不成熟均不足以为隐私计算背书，通过隐私计算进行个人信息保护没有法律做支撑。不过，《数据二十条》提及可按照“原始数据不出域、数据可用不可见”的要求，以模型、核验等产品和服务等形式向社会提供公共数据，这为隐私计算等技术的合法性发展提供了机会。

上海市于2021年7月27日推出的上海市地方标准《数据去标识化共享指南及编制说明》中指出，“我国对于个人信息匿名化的‘不能复原’未有明确法律要求或标准规定，且‘绝对的不能复原’也无法被证明。”个人信息保护的匿名化规则仍然存在一定的适用困境，这需要政产学研各界的积极参与和共同努力，仍需要探索建立科学有效的个人信息匿名化规则实施框架以及相应的技术实现路径，以满足广大人民群众对于个人信息保护的合理期望。

三　数字技术与企业合规管理的融合

（一）数字技术与企业合规管理融合的必要性

企业加强数字技术的引入与业务管理的融合，有利于实现数字化转型，更好履行个人信息保护职责。就数据合规而言，企业不仅应从传统的法律尽职调查出发，识别自身数据合规风险，还需要利用新一代数字与智能技术改造企业全域、全场景、全链路，驱动企业经营管理、业务流程场景变革与重塑，实现企业数字化、网络化、智能化发展，释放数字和智能技术对企业数据合规的倍增作用。在产品设计上，企业从“设计思维（design-thinking）”的角度对待创造力和竞争力，也可以从同样的“设计思维”角度来处理个人信息。企业在产品的目标、过程、规划设计上，应当将个人信息保护纳入默认的优先事项，使其成为网络数据系统和技术不可分离的一部分。[①] 企业应当以“通过设计保护隐私（privacy by design）”为核心，在开发新产品时就要嵌入数据安全和个人信息保护需求，将个人信息保护纳入各种标准、协议和程序中，成为软件设计规范的一种具象化形态，并使之成为一种习惯。

实践中，企业在开展大规模合规管理工作时，由于没有确立合规边界，造成合规管理工作无限蔓延。企业普遍将合规定义为符合外部法律监管要求和公司内部规章制度要求，但外部法律监管和公司内部规章制度本身不属于同一个效力层级，前者属于公司需要承担的法定义务，违法违规要承担法律责任；后者属于公司内部规章制度的约定义务，违规承担的是违约责任。同时，法律法规、行业监管和标准监管对象是企业的合规监管体系，而企业内部的管理制度是合规管理落地体系，这两个体系处于不同维度，企业不能把遵守外部法律法规、行业监管和遵守内部制度等同于一个合规管理层级。合规管理的边界要遵守法律法规规定的法定义务，合规管理工作的开展应围绕如何识别、收集法定合规事项和合规义务，在企业运营过程中如何遵守法定义务。企业应根据自身特点梳理外部法定合规义务，形成合规义务清单，确立企业合规管理的义务边界，根据义务边界建立合规管理组织、增减或修改制度、重新改造业务流程和标注、设置合规审核规范和审核节点。

不过，企业梳理识别合规义务边界是一项巨大的工作量，尤其是法律法规、行业监管随时发生变化，合规义务也随之而变化，若要及时识别合规义务，就需要实时动态跟踪法规变化，实时识别监管要求，动态更新合规义务清单，这对于企业来说是一个人力成

① Cavoukian A., Privacy by design: The 7 foundational principles, Information and privacy commissioner of Ontario, Canada, 2009, 5: 12.

本、时间成本都巨大的工作。所以，企业引入数字技术，运用数字技术赋能合规管理，通过构建内部合规管理系统、跨机构数据流通合规管理系统、智能合规授权管理系统帮助企业实现全渠道用户数据整合、进行自动化合规管理，降低企业合规成本，从而实现数据驱动的全域数据合规管理的闭环。

（二）数字技术与企业合规管理融合的路径

1. 构建内部合规管理系统

企业构建内部合规管理系统，是在数据收集、数据存储、数据传输、数据使用、数据交换和数据删除等数据全流程处理基础之上，打造以数据合规监控分析、数据合规检测管理、日常合规管理等为核心的智能平台，并实现基础数据平台与智能平台的融合。数据合规监控分析可以保障企业数据传输与流转中的重要数据、敏感个人信息的安全，及时帮助企业发现日常数据处理活动中的不合规行为等。数据合规检测管理是对整个企业内部的数据安全技术与管理措施是否符合法律法规相关要求进行日常管理的辅助指引，并对企业现有的合规性措施检测分析。日常合规管理是为企业内部数据合规管理人员提供日常合规相关事务的管理、执行、处置、监督审计等相关工作的支撑，通过专业合规库的增值推送服务推进企业内部数据合规相关的组织架构建设、制度规章建设、人员考核管理等相关的配套机制完整落地。

企业通过打造内部合规管理系统，既是响应国家数据安全和个人信息保护相关的数据合规强制性要求，也是企业日常管理、数据合规处理等事务的刚需，避免企业因合规问题遭受行政处罚、刑事处罚，提升在企业数据合规建设中的数据安全保障能力，推动数字化发展，以技术为杠杆，撬动企业业务合规发展。

2. 构建跨机构数据流通合规管理系统

在数字化业务时代，数字化业务转型需要技术部门与业务部门深度交流，强力配合，依托业务场景，以技术赋能业务，实现创新技术推动业务发展。企业构建跨机构数据流通合规管理系统，可以监控和检测数据流通中各处理节点的数据处理活动的合规性，帮助企业与第三方平台进行跨机构数据流通时有效控制数据的合规使用、交换。跨机构数据流通合规管理系统可以应用可视化技术，集中呈现跨机构数据流通链路上各处理节点的合规情况，包括共享合规监控、数据开放合规监控和数据交易合规监控等，实现数据合规报告同步和合规态势可视化，实现主要数据合规指标智能化分析、可视化应用及企业总体合规态势“一图展示”。

跨机构数据流通合规管理系统是技术部门与业务部门深度交流的产物，有利于为企业提供跨机构数据流通合规的技术支持，通过数字技术发掘新的业务增长点，通过数字化转型带来切实的、可量化的业务价值。

3. 构建智能合规授权管理系统

企业构建智能合规授权管理系统，要基于个人信息等数据处理活动场景以及关键的数据处理要素采集，智能化生成满足法律法规、行业规范要求的合规章程、用户注册及注销协议、个人信息知情告知书、个人信息收集授权同意书、儿童个人信息保护协议、个人信息保护政策（隐私政策）等文书，辅助企业制定符合国家法律法规、行业政策要求的个人信息主体权益保障机制。智能合规授权管理系统还可以作为国家监管工具，完善企业合规情况上报渠道和个人信息主体维权流程，提高个人信息保护水平。

数字化技术为企业实时的数据追踪与更好地洞察市场需求提供

了基础，由于数据计算能力的提升，数据分析可以更加灵敏地反映用户行为的变化趋势。智能合规授权管理系统可以提高用户授权效率，使用户可以更前置主动且有深度地参与产品创新与研发，大大地提高企业创新效率，也可以帮助企业在较为庞大且复杂的数字化授权中保持效率性和敏捷性。

第 六 章

未来篇：平台经济发展与个人信息保护的平衡之道

平台的出现是“数字革命”的标志性事件之一，平台是数字时代的新型组织。二十年间，平台商业模式日益普遍、连接日渐深入、用户快速增长。网络平台经济不仅是经济发展的重要驱动力量，也是助力国家治理现代化发展的关键节点，是推动人类社会创新发展的重要动力。

由于网络平台的重要地位，遵循“能力越大，责任越大”的逻辑，政府“既将网络平台作为监管对象，实现集中监管资源，实现监管重点突破，也赋予其管理职责，期待网络平台服务提供者在平台经济，时代承担更多的平台管理义务”[①]。《电子商务法》《个人信息保护法》《反电信网络诈骗法》要求网络平台承担更多类型的法定义务，进一步凸显网络平台的公共性特征，网络平台对于维护人类社会发展秩序具有重要作用。

网络平台发展的动力为数据，其原材料之一则是个人信息，个人信息滥用是平台经济快速发展造成的负面症候之一。伴随着全球范围内对个人信息保护的立法推进，日渐趋严的监管态势以及日益递增的社会关注度，个人信息保护是平台经济发展中避无可避的话题。前半程“狂奔”的网络平台，在后半程，数据合规将是重要命题。

---

① 周辉：《网络平台治理的理想类型与善治——以政府与平台企业间关系为视角》，《法学杂志》2020 年第 9 期。

一　个人信息强保护时代的平台经济重塑

在万物互联、数据奔流的时代，网络平台企业是个人信息保护的关键环节。“个人信息是重要的数字资产。加强个人信息保护，规范个人信息的获取及使用，不仅事关个人权益维护，也关系数字经济健康发展。”① 随着全球范围多个国家或者国际组织制定了与个人信息保护相关的法律，明确规定了个人信息权的基本权利属性，立足于系统性风险预防等特点，建立了相应的执法与国际合作机制，甚至成立了专门的个人信息保护机构。② 个人信息强保护时代已经到来。作为当前个人信息的最大“入口”和收集者，网络平台理应在保护个人信息方面成为尊法守法的榜样，起到示范作用。以往通过侵害用户个人信息权益获取不当利益的做法将会承担严重的法律后果。个人信息合规的要求将会引发新一轮的洗牌效应。网络/网络平台的个人信息保护政策必须不断更新、与时俱进，网络平台企业不仅要从事后对违法的个人信息处理活动进行调查处理，更重要的是事前的预防机制，从源头阻止个人信息被侵害的情形发生。平台要根据不同的业务场景，重新设计个人信息保护合规方案。只有合规意识更强，更尊重用户的个人信息权益的平台企业，才有可能在未来走得更稳、更远。

---

① 周辉：《依法切实保护个人信息权益》，《人民日报》2021 年 11 月 11 日第 9 版。

② 周汉华、周辉：《〈个人信息保护法〉条文精解与适用指引》，法律出版社 2022 年版，第 1 页。

（一）应用商店加强对App应用的个人信息保护管理

移动智能设备已经逐步成为当前网民上网的主要终端，根据中国互联网络信息中心在2023年3月发布的第51次《中国互联网络发展状况统计报告》的数据显示，截至2022年12月，我国网民使用手机上网的比例达99.8%；使用台式电脑、笔记本电脑、电视和平板电脑上网的比例分别为34.2%、32.8%、2.9%和28.5%。[①] 在上网路径从桌面端逐步走向移动端之后，即时通信、短视频、网络支付、网络购物、网络新闻、网络音乐、网络直播、网络游戏等多种类型的移动应用程序的数量、用户规模及使用在逐步增长。“移动互联网应用程序（App）已成为移动互联网信息服务的主要载体，对提供民生服务和促进经济社会发展发挥了重要作用。”[②]

在移动应用程序的推广使用中，各类应用商城作为移动应用的主要分发平台，扮演着连接开发者和用户的桥梁角色。它为移动应用程序提供了广泛的展示和推广渠道，使得开发者能够将他们的应用推向更广泛的用户群体。同时，应用商城也为用户提供了方便的应用浏览、搜索、下载和安装的功能，使得用户可以轻松获取所需的移动应用程序。比较著名的应用商城有国外的苹果App Store，谷歌Google Play Store，国内有安卓市场、豌豆荚以及小米应用商店等。

---

① 中国互联网络信息中心：《第51次〈中国互联网络发展状况统计报告〉》，https://www.cnnic.net.cn/n4/2023/0303/c88-10757.html。

② 《国家互联网信息办公室有关负责人就〈移动互联网应用程序信息服务管理规定〉答记者问》，中国政府网，https://www.gov.cn/xinwen/2016-06/28/content_5086268.htm。

应用商店是互联网流量的关键节点，也是汇聚移动运营商、应用程序运营商、手机服务提供商等多方主体的重要场域。而在各方主体的博弈中，广大用户往往处于弱势和被动的地位，大部分用户无法准确甄别移动应用程序个人信息安全的保护能力。作为应用发布的主要平台，应用商城拥有审核和审查应用程序的权力，需要承担起主体责任，应当确保其上架的应用在收集、处理和存储个人信息时符合隐私法规和规范要求，并通过技术审核、人工审查和安全测试等手段，排查潜在的个人信息泄露或滥用风险。

应用商店是应用程序的主要分发渠道，是个人信息保护 App 治理工作中的首道闸门。应用商店在个人信息保护中发挥着重要的作用，完善的审核和管理机制可以有效地规范移动应用程序的个人信息处理活动。加强 App 信息服务规范管理，促进行业健康有序发展，2022 年 6 月，国家网信办修订《移动互联网应用程序信息服务管理规定》并发布施行，要求作为提供移动互联网应用程序下载、安装、升级等分发服务平台的应用商店，应依法加强自身管理，切实落实信息内容管理主体责任，健全信息内容安全管理、信息内容生态治理、数据安全和个人信息保护、未成年人保护等管理制度，确保网络安全，维护良好网络生态。《移动互联网应用程序信息服务管理规定》明确应用商店加强对 App 应用的管理是确保应用程序质量和用户安全的关键措施之一，也明确个人信息保护方面应用商城应关注的重点，具体包括：第一，加强应用上架前数据安全审核。建立健全应用上架前信息内容安全审核机制，将 App 数据安全与个人信息保护措施作为重点审核内容，对违法违规 App 不予上架。第二，加强对在架应用程序的日常管理，对于存在数据安全风险隐患，违法违规收集使用个人信息，损害他人合法权益，不得提供平台分发服务。第三，按类别向其所在地省、自治区、直辖市网信部门备案应用程序。第四，对于违反个人信息保护相关法律法规及服务协议的应用程序，分发平台应当依法依规采取警示、暂停服务、下架等处置措施，保存记录并向有关主管部门报告。

目前为保证符合个人信息保护法律规范以及监管部门的要求，已有诸多应用商城开展在架应用个人信息保护专项检测。如我国的小米应用平台宣布于2021年7月面向全部在架应用开展了为期六个月的“App违规收集与使用个人信息等侵害用户权益问题的自查”专项行动，共完成超过16万款应用的隐私检测，累积处置5.3万款应用，协助9000+款应用完成整改。2022年4月宣布启动第二次专项行动，发现12847款存在隐私合规风险的应用。协助1630款风险应用进行修改，修改通过上架772款应用。下架13280款存在应用久不更新维护、开发者信息或相关公司经营状态异常的应用，并在应用搜索环节，增加隐私风险提醒。[①] 在域外，苹果于2021年4月27日发布iOS 14.5版本，全面上线了App Tracking Transparency（ATT）功能，限制应用追踪用户数据，保护用户隐私。ATT要求应用在需要进行追踪行为时向用户显示弹窗，用户可选择接受或拒绝追踪，从而减少对用户行为的过度索取和采集。该举措表明苹果在隐私安全上秉持数据最小化、设备端处理、安全保护和透明度与管控的态度，以避免严格的数据安全法规和高额罚金，并借此营销其品牌。[②]

---

① 《关于开展“App侵害用户权益问题”自查专项行动公告——第二期》，小米应用商店开发者公众号，https：//mp. weixin. qq. com/s/PkWMGSwFBntLLE1tneqD - g。

② Apple iOS 14. 5 update includes “app tracking transparency” feature，https：//www. pix-alate. com/blog/ios - idfa - app - tracking - transparency.

（二）互联网广告投放与个人信息保护的平衡

在个人信息保护愈发严格的当下，用户授权难度提升、数据流转链路不畅、精准营销广告模式受挫，数字广告传统运行逻辑已被推翻。野蛮生长时代落幕，数字广告行业是就此折戟还是走向变革？如何在红线之上，探索商业发展新模式及数字营销新策略，寻求用户隐私保护与行业利益的新平衡。

1. 广告精准定向实现难度加大

通过用户数据（位置、标签、喜好）等维度，“个性化推荐”“千人千面”的精准营销，是数字广告的最大优势。用技术串起广告主需求和用户特征，数字广告一方面顺应的是市场营销细分化的趋势，另一方面也消弭了企业与用户间之间信息不对称鸿沟。

近年来中国互联网广告市场得到了长足的发展。艾瑞咨询数据显示，根据第三方机构 QuestMobile 发布的《2021 中国互联网广告市场洞察》，2021 年中国互联网广告市场规模 6550.1 亿元，增长率 20.4%。

不过，《个人信息保护法》给数字广告行业带来了较大影响，个人信息的收集和使用要求遵循最小必要原则，用户画像和洞察受到限制，服务商能掌握的定向条件开始缺失，过去习以为常的逻辑被推翻。个人数据直接获取的难度加大则将影响数字广告的投放精度，造成广告 ROI 的下滑。欧盟 2018 年实施 GDPR（《通用数据保护条例》）后的效果可提供参考，根据 Samuel G. Goldberg，Garrett A. Johnson & Scott K. Shriver（2021）对欧盟 1084 个在线网页在 2017 年和 2018 年第 4 周到第 35 周的数据，GDPR 实施后造成网页浏览量下滑 11.7%，造成电商网站收入下滑 13.3%。而广告效率的下降对页面浏览量估计值的影响约为 9.4%，对收入估计值的影响约为 7.6%。此外，用户拒绝提供个人信息对页面访问量的估计值影响约 7%，对电商网站收入估计值影响约为 29%。

不过，数字广告的灰色地带也随着个人信息保护法的落地而减少，消费者授权的相关规定更为明确，不同企业之间的数据合规标准得到明确和统一，行业进入数据收集和使用的新阶段。[①]

同时，部分企业已主动进行合规建设，从事后的合规整改前移至事前的主动合规，包括处理敏感个人信息时委托专业机构进行个人信息保护影响评估，在产品研发阶段探讨收集个人信息的最小必要原则等。

《个人信息保护法》落地后的一年间，业内大部分公司已陆续对此前没有得到用户授权或者授权不完整的数据进行清理，清理过程需要相应的时间、资源和金钱成本。数字广告行业可能需要几年调整期，才能建立健全合规数据制度。尽管在调整期间业务会受一定影响和冲击，但从长远来看将会促进数字广告行业长足发展。

2. 跨平台数据合作受限

《个人信息保护法》确立了以“告知—同意”为核心的系列个人信息处理规则，其中“单独同意”被认为是治理数字广告行业的一剂猛药。

从业务层面来看，“单独同意”使数字广告商的第二方数据资产成为烫手山芋，这种影响随着《个人信息保护法》落地而愈发凸显。由于单独同意难以实现，个人信息授权获取难度增加，广告主在评估投放结果、赋能投放优化、数字资产积累等方面的难度增

① 李润泽子、郭美婷等：《精准营销模式受挫，新技术强化隐私保护，后个保法时代数字广告行业折戟还是变革》，21 世纪经济网，https：//m. 21jingji. com/article/20221107/herald/aa25db972571ed7c9a557332e02463ec. html。

加。在近一年时间内行业内对于第二、三方数据的依赖已经显著降低，并增加了对于第一方数据的使用。

随着单独同意的落实，企业业务成本增加，获客难度也在增大。每多一个按钮或者步骤，就有面临用户流失、转化失败的风险。实践中，倘若机械地照搬法律要求，业务开展可能寸步难行。企业实务中的难点在于需要同步考虑业务合规和用户体验两方面的诉求。不过，数字广告行业需要容忍一定的成本增加，并在合规基础上探索创新授权模式。

此外，由于数字广告业务链路长、复杂程度高，众多参与方的委托处理、共同处理的场景众多，《个人信息保护法》对数据的传递流动提出更高的要求，影响到了跨平台之间的数据共享。各个平台之间所能获取的数据量减少且愈发分散，一些数据类型只有特定主体方能获取，其他主体无法获取使用，数据共享难度较大。

此外，《个人信息保护法》委以企业更加严格的法律责任。跨平台的数据合作可能使得各主体构成共同数据处理者，如果构成共同数据处理者，按照《个人信息保护法》要求，当对个人信息权益造成损害的，不同平台相互之间需要承担连带责任。《个人信息保护法》明确个人信息侵权案件的归责原则为过错推定，增加了个人信息处理者一方的举证责任。企业需要更加重视整体业务流程中的书面留痕，在发生争议时可将其作为证明其处理个人信息无过错的重要依据之一。

数字广告行业需探索隐私保护新技术、商业发展新模式、数据合规新制度，在用户隐私保护与行业利益间需寻找新的平衡点。《个人信息保护法》的立法目的并非限制行业发展，未来，数字广告行业变革的要点是在合法合规的基础上触达消费者，同时不影响消费者体验。

二 个人信息保护催生合规科技产业蓝海

随着数字化时代的深入发展，个人信息保护已经成为全球范围内的重要议题。合规科技产业在技术创新、规则嵌入等方面不断演进，为个人信息保护提供了新型保障与支持路径，同时也为经济社会发展带来新的动力和机遇。

（一）个人信息保护时代对企业合规整改的影响

我国企业合规可以概括为“市场驱动下合规”与“监管驱动下合规”两种方式，前者以市场竞争为导向使企业主动寻求合规；后者以危机处理为导向使企业进行合规建设。[①] 我国政府相继出台的《网络安全法》《数据安全法》《个人信息保护法》是驱动企业开展合规建设的法律，希望通过这些法律促使企业建立完善的网络安全、数据合规与个人信息保护体系。从全国情况来看，企业合规整改表现出来的一个重要问题是合规成本高昂。[②] 这种高成本体现在两个方面，一是企业合规整改设计的复杂性，包括企业治理、员工行为监控、规章制度调整、系统设计与改造等；二是合规监管的高成本，包括持续的监控、管理、风险评估和监管更新，只要企业存在，合规

① 尹云霞、李晓霞：《中国企业合规的动力及实现路径》，《中国法律评论》2020 年第 3 期。

② 邱春艳：《最高检调研组赴江苏省张家港市调研企业合规改革试点》，最高人民检察院官网，https：//www. spp. gov. cn/spp/tt/202105/t20210516_ 518255. shtml.

投入就不会结束。[①] 正是这种高成本低效益的合规整改现状，导致许多企业以“纸面合规”逃避监管，企业合规整改并未有实质进展。

在个人信息保护时代，海量的数据安全风险不仅可能侵害用户权益，还可能威胁国家利益，通过大数据分析能够直接反映出国民文化生活习惯情况以及中国整体经济运行状况，数据安全已成为事关国家安全与经济社会发展的重大问题，成为国家安全体系中的重要组成部分。数据安全、个人信息保护进入强监管时代，企业的“纸面合规”与监管趋势不相匹配。为了使企业合规整改不流于形式化和表面化，企业应建立有效的合规计划，进行专业化的合规风险评估，发现企业的风险点和重点风险领域，并围绕企业的合规风险来形成有针对性的合规计划。[②] 企业在进行专业化风险评估时，往往通过传统的数据安全解决技术和法律评估方案来应对数据合规问题，但日益复杂的网络空间和严峻的威胁环境对个人信息保护（前面是数据后面是个人信息保护）提出了更高要求。伴随着云计算、大数据、区块链等新兴领域的研发和应用取得突破性进展，基于新技术手段的数据合规科技开始成为企业合规整改的新方向。

（二）企业合规整改中的数据合规科技价值

1. 数据合规科技的实践应用

对于企业而言，数据合规科技主要是指用于支撑隐私保护与合

① 马明亮：《合规科技在企业整改中的价值与实现路径》，《苏州大学学报》（哲学社会科学版）2022 年第 4 期。

② 陈瑞华：《论企业合规在行政监管机制中的地位》，《上海政法学院学报》（法治论丛）2021 年第 6 期。

规的日常运营流程，且嵌入到IT架构和业务场景中的一系列技术解决方案，在保障个人信息全生命周期安全和个人信息处理活动规范化的基础上，实现保护个人信息权益、促进个人信息合理开发利用、提升数据流通、共享与开放的目的。市场上常见的数据合规科技解决方案类型包括隐私计算平台、隐私管理平台、个人信息授权管理、数据主体权利管理等。这些解决方案有的可能是由隐私计算技术所支撑，在“可用不可见”的基础上实现数据流通与数据价值的深度挖掘；也有的是由传统的数据安全技术所支撑，保障数据处理活动的数据合规与个人信息保护。

2. 数据合规科技对企业合规整改的价值

数据合规科技对企业合规整改具有诸多价值。第一，基于数据合规科技优势，执法部门与企业合规人员可以及时获取企业真实、全面的数据；第二，数据合规科技可以赋能企业整改的各个环节，提升整改质效；第三，合规技术可以简化复杂的合规流程进而提高效率，节省成本。[①] 此外，由于数据合规与个人信息保护工作的开展离不开具体业务场景，数据合规科技也可以直接嵌入具体业务场景之中，例如利用数据流通合规管理系统可以实现数据合规报告同步和合规态势可视化，同时采用区块链技术记录可以对数据流通的全链路进行防篡改存证，防止人为因素导致的监管腐败问题。尽管如此，数据合规科技在企业合规整改中还会面临技术支撑局限性、系统设置壁垒性、网络数据安全性和相关法律制度缺失等挑战。[②] 为进一步推动数据合规科技发展，政府监管部门应建立合规监管新

① 马明亮：《合规科技在企业整改中的价值与实现路径》，《苏州大学学报》（哲学社会科学版）2022年第4期。

② 参见毛丽华《合规科技助推商业银行数字化转型风险防控研究》，《农银学刊》2020年第2期。

模式，数据合规科技提供商应打破系统壁垒，强化数据整合，促进数据合规科技创新发展。

（三）数据合规科技产业发展现状与趋势

1. 国外数据合规科技的发展情况

欧盟通用数据保护条例（General Data Protection Regulation，GDPR）一经颁布便在全球隐私与数据保护领域引起极大震动，甚至有学者认为 GDPR 会引领未来十年全球数据保护潮流。[①] GDPR 在全球引起极大震动的核心原因在于，其法律适用范围从过去的属地主义扩展至属人主义，也就是说，对于在欧盟以外成立的机构，不论是银行、保险、航空等传统行业，还是电子商务、社交网络等新兴领域，只要其在提供产品或者服务的过程中（不论是否收费）处理了欧盟境内个体的个人数据，甚至其任何网站、App 只要能够被欧盟境内的个人访问和使用，都需要适用 GDPR，除非放弃欧盟 5 亿发达人口市场。[②] 正因如此，数字时代新秩序的起跑线重新被拉起，全球企业都在积极准备着数据合规工作，数据合规赛道进入窗口期，旨在帮助企业解决数据合规工作的第三方机构数量也在不断增加。

受 GDPR 启发，欧盟之外的其他法域国家相继出台相关法律法规，影响较大的有美国《加州消费者隐私法案》（California Consumer Privacy Act，CCPA），为消费者个人数据的全面保护提供了完整的法律保障[③]。GDPR 和 CCPA 等隐私法律因为不断扩大的域外适用

---

① 王瑞：《欧盟〈通用数据保护条例〉主要内容与影响分析》，《金融会计》2018 年第 8 期。

② 王融：《〈欧盟数据保护通用条例〉详解》，《大数据》2016 年第 4 期。

③ 何渊：《数据法学》，北京大学出版社 2020 年版，第 62 页。

性，以及大幅提升的违规处罚力度，推动全球处理个人数据的互联网公司想尽办法获取用户同意，这也间接为同意管理供应商（Consent Management Provider，CMP）创造了商业机会。在 CMP 兴起之前，各个网络平台都会为用户提供自己的隐私政策文本，以达到获取用户知情同意的目的。由于隐私政策是各个互联网公司自愿披露的，政策文本没有统一要求，隐私政策的格式、长度、可读性或内容没有限制，这种多样性使用户不知所措，他们不可能花费几百个小时来阅读每条隐私政策。[①] CMP 的出现使在线同意的收集标准化，这些中介机构阐述并理解法律条款，通过嵌入的同意对话向用户展示这些法律条款，存储用户同意的结果，并与第三方共享。实质上，CMP 创造了一个涉及用户、网络平台和第三方供应商的同意生态系统（Consent Ecosystem）。[②] 同意生态系统的出现一方面为网络平台和第三方供应商基于个人信息进行经营的商业模式提供了坚实的法律基础，另一方面也促进了这一生态下相关产业的有序健康发展。

通过对比 CMP 的累计市场份额与网络平台用户规模的关系（截至 2020 年 5 月），发现用户规模排名靠前的网络平台都没有考虑嵌入 CMP，可能是因为他们有内部的专业知识来实施自己的用户授权解决方案。[③] CMP 的采用普及集中在排名第 50—10000 名的网站，尤其是在第 1000—5000 名的网站，随后 CMP 的采用率逐渐下降，但并未消失。此外，不同的 CMP 渗透的市场领域各不相同，例如在

---

① McDonald A. M.，Cranor L. F. “The cost of reading privacy policies”，*Isjlp*，2008，4：543.

② Hils M.，Woods D. W.，Böhme R.，Measuring the emergence of consent management on the web//Proceedings of the ACM Internet Measurement Conference，2020：317.

③ Hils M.，Woods D. W.，Böhme R.，Measuring the emergence of consent management on the web//Proceedings of the ACM Internet Measurement Conference，2020：322－323.

用户规模前100名的网站中，Quantcast的数量比其他CMP供应商的数量更多，OneTrust在用户规模排名第500—50000名的网站中拥有最多的客户数量。出现这样的原因在于，Quantcast的解决方案更多针对的是GDPR，Quantcast在数据合规早期就取得了市场主导地位，但随着CCPA的生效，Quantcast的市场增速逐渐放缓。相比之下，OneTrust通过提供灵活的数据合规解决方案，可以根据CCPA的要求为客户提供定制化服务，在CCPA出台之后逐渐成为市场的领导者。

通过上述分析发现，以GDPR和CCPA为主导的数据合规领域法律的出台，促使帮助企业解决数据合规工作的第三方机构数量不断上升。

2. 我国数据合规科技产业发展前景

伴随国内个人信息保护的法律法规日益完善，用户的隐私权利方面的意识逐渐提升，企业合规团队在业务运营中数据合规的工作日益增多，传统的安全技术、冗长的合规流程、人工评估方式已经无法满足需求。为破解数字化时代下的个人信息保护痛点，市场上涌现了许多隐私保护技术及相关解决方案的服务商，企业也开始关注“数据合规科技”的话题并付诸实践，数据合规科技产业在我国具有广阔的发展前景。此外，快速增长的个人信息合规需求推动数据合规科技产业一再火热。纵观近几年数据合规科技市场发展，国内陆续提出多种结构化安全框架、尝试将新技术应用于数据安全领域。

从产业化发展来看，我国常见的数据合规科技解决方案主要包括个人信息主体同意授权管理、个人信息主体权利管理、隐私保护技术检测、数据自动化发现、分类分级与标识、细粒度访问权限控制、隐私保护管理平台、数据流动监控、隐私计算平台、数据去标识化和匿名化技术等九大类型，而企业认为需求最迫切的三类数据合规科技解决方案分别是数据自动化发现、分类分级与标识，数据流动监控，数据去标识化和匿名化技术。

数据自动化发现、分类分级与标识的核心是对数据分类分级，这是数据保护的基础工作。随着海量数据的积累，企业不可能单纯依靠人工实现数据清册、数据分类分级及标识工作，应当通过自动化的数据扫描和策略识别来定位数据、分类数据，进一步实现分级保护。

数据流动监控是通过技术实现对数据真实流转情况的可视化，以保证数据资产分布及访问行为态势的清晰度、透明度和可控性，并通过对数据流转路径和敏感数据访问行为的分析，预测数据资产可能面临的滥用、泄露、丢失风险。

数据去标识化是建立在个体基础上，保留了个体的颗粒度并采取技术手段代替对个人信息的标识，使其个人无法轻易被识别；而匿名化技术的应用必须使数据无法被复原，无法识别或关联到特定个人。去标识化后的个人信息仍属于个人信息，匿名化后的个人信息则不再属于个人信息。

国内数据合规科技产业化主要自2018年左右开始集中发展，部分领域的行业巨头、大数据公司、金融企业、科技企业、隐私计算企业为主要市场入局者，电信运营商发挥互联网能力优势，参与隐私计算相关标准制定，深入研究各项技术，一些大型咨询公司、律所也将其咨询产品/服务向着数据合规科技及其应用靠拢，成为数据合规科技产业链中的重要服务提供商之一。随着市场入局者增多，行业需求增长，数据合规科技相关产业持续火热，数据合规科技创业者频繁获得投资青睐。数据合规科技会在未来几年再度迎来发展期，国内相关产业及供应商还会持续迎来市场利好期，并且持续向市场反馈更优质的安全解决方案。

三 中国式现代化：个人信息保护和平台经济协同发展的中国之路

进入数字社会，人们在体验各种便利的同时，面临着信息过度采集、非法买卖、擅自公开、盗取泄露的风险。滥用人脸识别等信息技术、不合理应用自动化决策等新情况屡屡成为舆论焦点。习近平总书记强调："要保障个人信息安全，维护公民在网络空间的合法权益。"① 党的十八大以来，全国人大及其常委会在制定《关于加强网络信息保护的决定》《网络安全法》《电子商务法》，修改《消费者权益保护法》等立法工作中，确立了个人信息保护的主要规则。2021 年 8 月，全国人大常委会审议通过了《个人信息保护法》，2021 年 11 月 1 日开始实施，个人信息保护法律体系不断完善。"十四五"规划和 2035 年远景目标纲要对加快推进数据安全、个人信息保护等领域基础性立法提出明确要求。党的二十大报告在第十一部分"推进国家安全体系和能力现代化，坚决维护国家安全和社会稳定"中强调，要"加强个人信息保护"。加强个人信息保护是维护和实现人民群众个人信息权益的必然要求，是实现数字经济健康长远发展的现实需要，也是坚持以人民为中心的发展思想、落实党的二十大报告中以中国式现代化全面推进中华民族伟大复兴的实践路径。

随着个人信息侵权事件的日益增多，作为网络空间的关键节点，

① 《习近平关于网络强国论述摘编》，中央文献出版社 2021 年版，第 101 页。

网络平台的个人信息保护责任已成为社会各界关注的焦点，《个人信息保护法》第五十八条对提供重要网络平台服务、用户数量巨大、业务类型复杂的个人信息处理者规定特别义务，网络平台不但要自己遵守个人信息保护规定，还要利用其独特地位，要求平台用户遵守处理个人信息的规范和承担保护个人信息的义务，在个人信息保护法律法规约束力度不断加强的情况下，网络平台履行个人信息保护的法定义务不仅是规范平台个人信息的获取及使用，也关系平台经济健康发展。网络平台依法合规经营是平台经济可持续发展的题中应有之义。

《个人信息保护法》为有效平衡个人信息安全与个人信息利用之间的矛盾，设计了一系列的制度。一方面，《个人信息保护法》为平台经济持续健康发展营造公平竞争环境提供制度保障。《个人信息保护法》通过明确个人信息处理的各项规则，为企业内部个人信息保护合规管理指明了方向，稳定了市场预期，能够促进数字经济发展行稳致远。另一方面，《个人信息保护法》的施行以及平台个人信息合规体系建设有利于提高企业的国际竞争力。当前，完善个人信息保护规则是世界各个国家的通用做法，加强高水平个人信息保护的国家和地区及所属企业相对容易在国际合作中取得信任，中国平台企业参与到全球市场竞争需以国内高水平、严要求的个人信息合规管理为基础。

在《个人信息保护法》施行一周年后，为贯彻党的二十大精神，加强个人信息保护，提升公共安全治理水平，我国仍需不断更新、完善个人信息保护具体规则，结合实践发展，为个人信息保护合规制度体系建设指明方向。在执法层面，行政监管主体需不断规范个人信息保护工作和相关监督管理工作，对于个人信息保护的法律责任追究，尤其是《个人信息保护法》设计的巨额罚款规则应慎重适用，合理行使监管权力。发展数据合规科技产业，将抽象的个人信息处理规则与具体的业务场景相结合，实现个人信息保护与合理利用的目标，为平台经济发展提供更稳定的法律预期、更宽广的发展空间、更宽广的舞台。

平台经济是我国数字经济的重要组成部分，是提高全社会资源配置效率、贯通国民经济循环各环节、提高国家治理体系和治理能力现代化水平的重要推动力量，对驱动经济创新增长、推动技术和产业变革、提升社会治理和公共服务水平具有重要意义。建立健全平台个人信息合规体系，可以促进平台提升其产品和服务的品质及安全性，从而更好地承担社会责任，实现健康有序发展。推动平台经济更好服务于中国式现代化。

此外，相较于平台企业对数字化的“先天”熟悉优势，传统行业的数据合规则需要更多的成本。在《个人信息保护法》等法律约束下，传统行业需尽快进入角色，加强数字技术的引入与企业业务和管理的融合，促进企业数字化转型。数字技术赋能业务可以加速企业自身数字化创新能力，推动企业核心竞争力建设。作为现代经济体系的主体，平台必须将自身发展置于中国式现代化大进程中，通过平台个人信息合规体系建设，助推形成“规范、透明、可预期”的监管，走出“一抓就死、一放就乱”的治乱循环，推动中国从传统经济向现代经济转变，为世界提供具有借鉴价值的网络平台企业个人信息合规中国方案，充分保障各方权益，加快迈上更高质量、更有效率、更加公平、更可持续、更为安全的中国式现代化之路。

附　录　一

个人信息保护体验感问卷

互联网时代，个人信息泄露和个人信息滥用成为避无可避的话题。2021 年 8 月 20 日《个人信息保护法》通过，我国进入了全面、综合治理个人信息的法治时代。一年后，我们的个人信息泄露与滥用问题是否得到改善？南方财经全媒体集团拟对个人信息安全保护的公众感知度做调查，特组织了本次问卷调查。本问卷实行匿名制，所有回答只用于学术研究，对您的信息会严格保密。感谢您的参与！

1. 您在注册手机 App 时是否阅读过隐私政策、用户服务协议？

A. 是

B. 否

2. 你认为目前隐私协议存在哪些问题？（多选，最多选三项）

A. 内容冗余，未提供清晰目录

B. 难以阅读，文字过小、模糊不清

C. 过于专业，难以理解

D. 含糊其词，不详细告知收集个人信息

E. 首次运行未提醒

F. 其他

3. 你更关注哪些被收集的信息？（多选，最多选三项）

A. 通讯录

B. 照片/视频

C. 位置

D. 手机号码

E. 银行卡信息

F. 身份证/身份证号信息

G. 指纹/面部识别等生物身份信息

4. 你认为哪些信息是最敏感的？（多选，最多选三项）

A. 通讯录

B. 照片/视频

C. 位置

D. 手机号码

E. 银行卡信息

F. 身份证/身份证号信息

G. 指纹/面部识别等生物身份信息

5. 您是否遇到过采集与 App 功能无关的个人信息，比如视频平台收集个人精准位置信息、购物 App 收集个人通讯录？

A. 是（跳转至 6）

B. 否（跳转至 8）

C. 我无法判断收集的信息是否和提供的服务相关（跳转至 8）

6. 您是否在意 App 收集与提供服务无关的个人信息？

A. 非常在意（跳转至 7）

B. 在意（跳转至 7）

C. 不是很在意

D. 完全不在意

7. 在您的使用过程中认为收集与当前服务无关的个人信息的情况在哪些 App 中比较常见？（单选/多选，最多选三项）

A. 网络销售类，比如：淘宝、京东、拼多多等

B. 社交娱乐类，比如：微信、微博、爱奇艺、斗鱼等

C. 信息资讯类，比如：今日头条、搜狐新闻、腾讯新闻等

D. 生活服务类，比如：美团、大众点评、饿了么等

E. 日常出行类，比如：滴滴、携程、高德打车、美团打车等

F. 金融服务类，比如：建设银行、云闪付、支付宝等

8. 您是否注意到 App 公示与个人信息相关功能设置？（多选，最多选三项）

A. 第三方信息清单/第三方信息共享清单

B. 个性化推荐管理

C. 个人信息与权限管理

D. 没太关注过

9. 上述功能是否易于查询？

A. 是

B. 否

10. 您是否关闭过个性化推荐功能？

A. 是（跳转至 11）

B. 否（跳转至 12）

11. 您使用的平台是否能轻松关闭个性化推荐？

A. 是

B. 否

12. 您是否尝试在 App 上查询过个人信息？

A. 是（跳转至 13）

B. 否（跳转至 14）

13. 查询功能是否便捷？

A. 是

B. 否

14. 是否尝试在 App 上删除过个人信息？

A. 是（跳转至 15）

B. 否（跳转至 16）

15. 删除功能是否便捷？

A. 是

B. 否

16. 您是否在App上注销过账号？

A. 是（跳转至17）

B. 否（跳转至18）

17. 注销过程中遇到过什么问题？（多选，最多选三项）

A. 找不到注销入口

B. 未注明注销条件

C. 注销条件不合理

D. 注销流程繁琐

E. 人工审核方可注销，但人工审核存在无人受理、承诺时限过长问题

F. 其他

18. 在使用App时，是否遇到过个人信息可能已被泄露的情况？

A. 是（跳转至19）

B. 否（跳转至21）

19. 为何认为个人信息被泄露？（多选，最多选三项）

A. 推销电话/私信骚扰

B. 被注册未知应用

C. 不同平台推送相同内容

D. 其他

20. 您认为哪些App的信息泄露情况比较严重？

A. 超大型网络平台旗下App，具备超大用户规模、超广业务种类、超高经济体量和超强限制能力的平台。比如：微信、淘宝、京东

B. 大型网络平台旗下App，具备较大用户规模、较广业务种类、较多业务范围、较高经济体量和较强限制能力的平

台。比如：百度、新浪微博

C. 中小型平台旗下 App，一定用户规模、有限业务种类、有限经济体量、有限限制能力的平台。比如：小红书、豆瓣、Soul

D. 不知名 App，用户规模较少，功能单一

21. 我国《个人信息保护法》（以下简称“个人信息保护法”）已于 2021 年 11 月 1 日正式施行。您认为对个人信息保护法的了解程度？

A. 非常了解

B. 比较了解

C. 说不清楚

D. 不太了解

E. 完全不了解

22. 你认为个人信息保护法推行后在哪些方面仍需要改进？（开放性问题，自主填写）

23. 您的性别

A. 女

B. 男

24. 您的年龄

A. 15—20 岁

B. 20—25 岁

C. 25—30 岁

D. 30—35 岁

E. 35 岁以上

25. 您的受教育程度

A. 初中及以下

B. 高中（包括中专、职高等）

C. 本科（包括大专）

D. 研究生及以上

26. 您的职业

A. 专业人士（教师、医生、律师等）

B. 公司职员

C. 事业单位/公务员/政府工作人员

D. 服务业人员（餐饮服务员/司机/售货员等）

E. 自由职业者（作家/艺术家/摄影师/导游等）

F. 工人（工厂工人/建筑工人/城市环卫工人等）

G. 学生

H. 其他

附　录　二

测评得分

一 优良

华为应用商店（总分：36）

微信（总分：36）

抖音（总分：36）

百度（总分：36）

支付宝（总分：36）

淘宝（总分：34）

二 良好

美团（总分：33）

京东（总分：33）

小米应用商店（总分：33）

网易云音乐（总分：33）

快手（总分：32）

携程（总分：32）

滴滴出行（总分：31）

顺丰（总分：30）

新浪微博（总分：30）

三 一般

小红书（总分：28）

云闪付（总分：28）

拼多多（总分：27）

附　录　三

详细测评报告*

* 本次测评的时间是 2022 年 8 月。部分平台测评因第一次评分过低，又进行了二次测评。

一 优良

（一）华为应用商店

制度体系方面，华为应用商店对其个人信息采集使用的基本情况进行了较为详细的叙述，值得肯定的是，在敏感个人信息方面，华为应用商店专门描述了敏感个人信息的类型与特点，并对实际场景中采集敏感个人信息的情况进行了特别标注，能够帮助用户较为良好地了解敏感个人信息与何时被采集，以及其后续用途。

组织架构方面，华为应用商店规定了专门处理个人信息相关事宜的部门，且给出该部门的直接联系方式，但在外部监督机构方面，华为亦未有公开信息显示其正在进行个人信息第三方监督的探索。

合规实践方面，华为应用商店同样较好地满足了用户行使相关个人信息权利的渠道，在应用内实现相关权限的控制与管理。值得注意的是，作为一个 App 应用下载商店，除了自身 App 个人信息使用情况外，其还让用户可以在供下载的各类应用界面，查询检测出对应 App 个人信息采集使用情况，很好地履行了平台管理者的责任。

平台治理与社会责任报告方面，华为专门针对个人信息或数据安全情况做出了社会责任报告，发布《华为应用市场 2021 年度安全隐私报告》，其中提到，华为应用市场不断强化隐私保护功能、优化信息呈现方式，无论是用户的知情权和对个人信息的自主控制权，还是儿童保护方案，都有明显的优化和提升。并且作为“管理者”，还公布了在平台内的治理情况，2021 年华为应用市场处理了超过百万次应用上架申请，其中在 24 小时内审核完成的审结率达 95%；同时对隐私政策、游戏防沉迷系统、应用内广告、未成年人保护、应用“变脸”等专项展开复测，复测应用超过 20 万款，主动处置问题应用超过 6 万款。

（二）微信

制度体系方面，微信的隐私政策除并未提供便捷下载功能外，基本满足个人信息保护相关内容披露的基本要求，且其提供了《个人信息收集清单》，详细给出了每个个人信息的具体情况、使用场景、采集次数等情况。

组织架构方面，微信在隐私政策中表示，已设立专门的个人信息保护专职部门，且提供了相关部门的联系方式。此外，腾讯公司曾公开表示将设立“个人信息保护外部监督委员会”，并公开招募委员会成员，首批成员暂定为 15 人，将通过公开招募和定向邀请等方式产生。

合规实践方面，微信整体完成情况较为出色，除在隐私政策等内容中详述了个人信息采集、使用、传输等过程中所采取的信息保护措施外，微信 App 内还提供了多种渠道供用户实现个人信息查阅权、复制权、修改权、删除权等各项权利。例如，在“设置—个人信息与权限”功能中，就集合了各类权利管理渠道和个人信息浏览导出渠道。

平台治理方面，微信中的平台服务提供者相对较为多元，包括公众号运营者、视频号运营者、小程序运营者等，研究员在测评中发现，微信建立了专门的微信公众平台规则中心，对于各类运营主体所需承担的责任义务进行了较为详细的规定，其中不乏在个人信息保护方面的规定要求。例如，在《微信公众平台服务协议》用户个人信息保护章节，《微信小店功能服务条款》用户的权利和义务章节，《微信小程序平台服务条款》用户个人信息保护章节，《微信视频号运营规范》遵守平台要求章节等进行规定。

企业社会责任报告方面，腾讯在2021年ESG报告中对数据安全和用户隐私、青少年保护等方面的情况进行了披露，但同样没有专门就个人信息保护情况提供单独的社会责任报告。

（三）抖音

制度体系方面，抖音的隐私政策可以通过“我—设置—隐私政策及简明版”到达，但并没有提供下载功能。个人信息收集清单完整展示所收集的个人信息。可以看到根据业务场景完整列举收集的个人信息类型。第三方信息共享清单，包含接收方的名称、联系方式、处理目的及处理方式。隐私保护中单设未成年人通用条款，介绍未成年人保护相关功能，并有单独文件《儿童/青少年使用须知》。

个人信息分类管理方面，敏感信息通过加粗形式展示，第一次使用App时，会有单独弹窗弹出以索取通讯录、相机等权限。

组织架构方面，抖音法务部“数据安全与隐私保护中心”主要负责个人信息保护相关工作，并提供联系邮箱和通信地址。遗憾的是，隐私政策并未提及未成年人个人信息保护是否有专门团队负责；公开检索也并未发现抖音建立个人信息保护的外部监督机构。

合规实践方面，关于个人信息存储，抖音表示通过安全措施保障个人安全；存储期限上，抖音隐私政策表示将遵从法律法规有关信息留存的要求并举例示意：“《电子商务法》规定：商品和服务信息、交易信息保存时间自交易完成之日起不少于三年。”

在个人信息的传输上，第三方 SDK 在账号注册时需要勾选，其约定了信息接收方的处理方式和目的。

对于大众最为关心的个性化推荐，抖音“个人信息管理”提供了关闭方式，长按视频可以选择“不感兴趣”按钮。

在公众查阅、复制、更正、撤回、删除及注销账户个人权利实现上，有专门章节——管理你的个人信息——提及，用户可以自主对个人信息进行查阅、更正、补充和删除，但是初始注册信息的修改则需由专人负责。个人信息复制需与数据安全与隐私保护中心联系，转移仅有明提供转移路径。用户可参考《抖音注销须知》自行注销账号。

平台治理方面，抖音的“规则中心”页面集纳平台公告、平台规则、规则解读等板块，信息较为集中。抖音开拓了自己的电商业务，制定了《小店平台个人信息收集清单》《小店隐私政策》《抖店隐私政策》《平台信息保护声明》等个人信息保护政策。侵犯个人处理方面，抖音公布《关于打击侵犯个人信息和隐私的公告》，对不当行为做出处置。

社会责任报告方面，2022 年 3 月 16 日，字节跳动发布 2021 年企业社会责任报告。报告提及信息安全与隐私保护专章，但并未对平台所提供服务涉及的类型、主要服务应用、收集个人信息类型做详细介绍。

（四）百度

在制度体系方面，隐私政策可以便捷地查阅，但无法下载，只能复制。比较详细地说明了各项业务功能及对应的收集个人信息类型，有具体说明其授权方式、业务功能、是否可关闭，并绘制表格，一目了然。针对未成年人有专门的《百度儿童个人信息保护声明》。个人敏感信息方面，在新账户注册时，会自动弹出绑定手机号的界面；在账户注册完成后，会提示完善个人身份信息，包括身份证、邮箱等，但在实名认证窗口没有提示此为敏感信息；在需要相机功能时，会自动弹窗。

组织架构方面，设立数据隐私保护委员会、安全委员会和数据资产管理委员会。针对未成年人，有专人负责儿童个人信息保护。关于独立的监督机构，原数据资产管理委员会、数据隐私保护委员会、安全委员会职责并入数据管理委员会，加大监督力度，保障用户信息安全。

合规实践方面，存储期限采用了“最小化”原则，并依法、依约或在合理范围内延长保存期限，在超出保存期限后，将根据法律规定删除个人信息或进行匿名化处理。在个人信息传输中采取了加密、去标识化的技术，但没有明确写出，只略有提到。用户有权拒绝仅通过自动化决策的方式作出决定，不仅可以在个性化设置中选择，并且可以在浏览内容上选择不感兴趣。在个人信息接收方提供敏感信息中，专门列举《百度 App 与第三方共享个人信息清单》，但在处理方式上，应当参考接收方隐私政策。

百度在 2021 年发布《百度 2021 年环境、社会及管治（ESG）报告》，阐明了百度在隐私保护中包含数据的采集、识别、存储、使用、传输、共享及销毁的覆盖数据全生命周期各个环节的数据安全与隐私保护解决方案。其主要相关应用有“智能数据安全网关”和“智能威胁狩猎平台”。“智能数据安全网关”在官网中主要收集个人敏感信息，其作用是对客户业务系统中的敏感数据进行自动梳理，定位敏感数据资产等；“智能威胁狩猎平台”其精准攻击溯源业务通过独创用户识别功能，对风险用户进行标记，并提供特征信息，从用户行为结合百度大数据进行攻击溯源（需要公安授权）。ESG 报告在编写过程中着重突出其个人信息保护的工作绩效，但该报告需要登录百度 ESG 专用平台才能下载查看，无法便捷找到。

（五）支付宝

制度体系方面，支付宝隐私政策可以查看历史更新公告，当前版本的隐私政策可以下载（用户保护中心—隐私权政策）。通过个人信息共享清单展示了应用场景，在简明隐私政策中，提供了表格、视频等便于理解的展示形式。

个人信息分类管理机制方面，敏感个人信息与个人信息在协议中区分，通过调用信息测试敏感个人信息会征求单独同意。

组织架构上，支付宝内部机构完善，设置有个人信息保护专员和儿童信息保护专门负责人员。但根据公开资料，并未建立外部监督机构。

合规实践上，针对信息存储，支付宝承诺会采取相应技术手段进行处理，同时在隐私协议中指出存储期限以《支付机构反洗钱和反恐怖融资管理办法》为依据，但并未明确具体条款等细节。

针对信息传输，支付宝承诺会采用技术手段进行保护，并在个人信息共享清单中列明了相关目的、方式等。

针对个性化推荐，支付宝可以在广告旁选择不感兴趣，也可以通过用户保护中心的广告设置自由选择标签。

个人行权方面，支付宝用户的个人信息可以被查阅、更正、撤回和删除，账号可以注销；但是个人信息不能复制。

治理实践方面，通过支付宝开放平台—文档中心可以检索到小程序、生活号的管理规则，相关文件包括：《小程序技术平台服务协议》《小程序违规处理规则》《用户信息处理规范》《生活号违规处理规则》等。在《小程序技术平台服务协议》中，支付宝声明会对相关服务进行抽检，并且对违法违规的用户采取相关举措："在小程序通过审核并发布后，为持续保障用户体验，并维护良好运营环境，我们也会随时测试、检查小程序"。而在《生活号违规处理规则》中支付宝声明针对违法违规的服务提供者将采取"包括但不限于警告、删除违规页面及内容、账号屏蔽、账号封禁、账号下架等处理措施"。

社会责任方面，蚂蚁集团于2022年6月发布了社会责任报告，其中设专节介绍个人信息保护举措。

（六）淘宝

制度体系方面，隐私政策基本满足个人信息保护及披露的基本要求，对个人信息采集的场景、种类、第三方共享情况等进行了较为详细的表述，但列举各项业务场景对应收集的个人信息类型时存在"××等"模糊表述或省略的情况，且对于敏感个人信息未做专门的标注或提示。在个人信息采集情况呈现方式方面，淘宝专门设置了《个人信息采集清单》，其中除了列出采集个人信息的种类外，还对采集频次、使用场景等进行了描述，整体披露情况较为详细。

组织架构方面，淘宝在隐私政策中表示，已设立专门的个人信息保护专职部门，且提供了与其进行联系的地址与邮箱，针对未成年人也成立了专门团队处理相关问题。但在外部独立个人信息保护监督机构方面，截至本次测评，淘宝还未开始进行相关探索。

合规实践方面，淘宝整体完成情况较为出色，对个人信息的加密技术手段、存储期限最小化、第三方传输管理等方面采取了对应合规措施并进行了披露。尤其是在个性化推荐管理的实践中，淘宝App设置了功能使得用户可以直接调整自己的兴趣内容，对个人信息处理结果的决定权得到落实。而选择停用相关标签后，App将停止或减少对相关内容的推送比例，相较于被动选择“不感兴趣”的方式，这种标签选择的做法一方面可以使得用户了解自己的用户画像情况，另一方面在个性化选择方面掌握了更为主动的行权途径。

平台治理方面，淘宝作为平台方，其平台参与者主要是淘宝商家、买家、直播主播等，其中最为主要的是为用户提供商品买卖的商家。针对平台参与者的个人信息保护要求，淘宝在《淘宝网卖家服务协议》数据使用、信息披露、个人信息保护、个人信息安全等章节进行了描述与规定，且该协议公开可查询。但对于相关措施的落实情况，平台如何惩处、管理违规商家，并未在公开渠道进行披露，治理透明度有待进一步提高。

社会责任报告方面，截至本次测评前，其在《2022阿里巴巴环境、社会和治理（ESG）报告》中，对隐私保护和数据安全情况进行了披露，但并未推出专门的个人信息保护社会责任报告，上述披露内容主要涉及其采取的个人信息保护措施，并未涉及个人信息采集使用的具体情况。

二　良好

（一）美团

在制度体系方面，隐私政策可以便捷地查阅和下载，有隐私政策概要、个人信息收集清单等便于阅读的形式。隐私政策能够对采集的个人信息种类进行分类，但列举各项业务场景对应收集的个人信息类型时有“××等”的模糊表述。在共享场景中，能够说明对外共享、转让、公开个人信息类型、第三方的名称和联系方式、使用目的等，且第三方信息数据共享清单设置了单独入口，方便查找。针对未成年人有专门的《未成年人隐私政策》。对敏感个人信息作出了特别标注，以加粗的形式凸显。敏感个人信息的单独同意授权方面，在相机、麦克风等权限调用时会出现弹窗，开启面容 ID 支付需要单独同意《面容 ID 服务协议》。提供注册服务时需收集手机号，同意形式为隐私政策勾选同意，单独同意的形式不太明显。

组织架构方面，成立了专门的个人信息保护团队，同时负责成年人及未成年人的个人信息保护，有专门的反馈邮箱和地址。未找到关于设立独立监督机构的公开信息。

合规实践方面，个人信息的存储期限引用了电商法的规定，针对某种类型的个人信息作出了具体的存储期限说明，如通话录音保存 7 天。

建立了较为便捷的个人行使权利的申请受理和处理机制。关闭自动化推荐以及行使个人信息查阅、复制、删除等权利都比较便捷，能够直接在 App 界面完成操作。能够较方便地查阅账号信息、搜索浏览信息、订单及评价信息等。如需要下载，可以通过平台以邮箱的方式发送个人信息文件下载链接，提交申请后可以马上收到邮件，文件格式为 txt，内容包括用户名、头像、手机号、注册时间，下载链接的有效期为 7 天。此外还单独设置了“清除历史行为”选项，能够清除在 App 上的全部历史行为。

在个人信息传输场景中，采取了诸如“号码保护”等加密安全措施，同时对第三方进行安全检测、约定数据保护措施，平台向其他个人信息处理者提供其处理的敏感个人信息的，需重新获得用户授权同意。

平台治理方面，制定了《商户保护用户信息承诺函》，明确商户经营过程中收集和使用用户信息的规范。官网有商家违规公示，但大部分是关于证照资质问题，跟个人信息保护不相关。根据美团外卖《严重违法行为平台服务停止规范》，列举的违法行为主要是在食品安全方面，与个人信息保护关联性不大。此外，设置了公开的用户投诉渠道。

个人信息社会责任报告方面，没有公开发布专门的个人信息社会责任报告。在企业社会责任报告中有提到隐私保护的部分，平台所提供服务涉及的类型以及对应收集个人信息的类型没有清晰完整地列举，平台旗下的主要服务应用有提到大众点评、美团金融，但也没有列举完整。

总体而言，美团个人信息保护的制度体系完整度比较高，能够对个人信息进行基本的分类管理，对于敏感个人信息有特别标注。组织架构方面设立了专门的个人信息保护团队，但独立监督机构仍待落实。个人行使查阅、复制、删除、注销等权利较便捷，平台响应速度快。在平台治理方面制定了相关规定，对平台内商户起到了一定的管理职能。个人信息保护社会责任报告目前主要列举了相关的措施。

（二）京东

在制度体系方面，隐私政策可以在 App 内和官网上便捷地查阅。对于其收集的个人信息类型、使用目的都有比较详细的公示，并且可以在 App 中通过手机验证后便捷地查询。针对未成年人有专门的隐私保护政策。区分了一般个人信息与敏感个人信息，敏感个人信息作出了特别标注。敏感个人信息的单独同意方面，下载时会有弹窗告知隐私政策，而在实际使用时仅有部分应用以弹窗的形式进行了告知。

组织架构方面，成立了专门的个人信息保护团队，同时负责成年人及未成年人的个人信息保护，有专门的反馈邮箱和地址。但是未找到关于设立独立监督机构的公开信息，目前对于京东的监督主要还是依靠国家的行政司法机构。

合规实践方面，个人信息的存储期限引用了电商法的规定，但是京东本身并未具体说明存储的期限。关闭自动化推荐以及行使个人基本的信息查阅、复制、删除等权利都比较便捷，能够直接在App界面完成操作，而涉及较为复杂和敏感的账号查阅、删除、复制的问题可以通过隐私政策中的邮箱以及其他方式向平台提出申请。向其他个人信息处理者提供其处理的敏感个人信息的，会在下载时进行告知，并且在App中也可以较为便捷地查询到第三方平台收集的信息、处理的方式、使用的目的以及第三方平台的隐私政策。

平台治理方面，制定了《京东开放平台不当使用他人信息细则》，明确商户经营过程中收集和使用用户信息的规范以及对于商家侵害用户个人信息的惩罚。但是京东主要是制定了完善的平台管理和处罚规则，并未提及是否会对旗下平台进行抽检监督。

个人信息社会责任报告方面，没有公开发布专门的个人信息社会责任报告，但是京东包括旗下各个应用都发布了针对性的隐私政策。在企业社会责任报告中有提到隐私保护的部分。

总体而言，京东的隐私政策制定得较为完善，个人行权较便捷。

（三）小米应用商店

制度体系方面，小米应用商店的隐私政策可以查看历史版本，且历史版本和当前版本均可下载。个人行权的申请和处理基本可以通过专有网页 https：//privacy. mi. com/support 完成。

通过隐私政策摘要、独立的个人信息收集清单等，对各项业务功能、场景对应的个人信息类型进行了详细说明和列举，展示方式包括通过图标、表格等。

针对个人信息的共享、转让、公开等行为，小米在第三方 SDK 目录中列明了名称、目的、处理方式等情况。

针对个人敏感信息，小米应用商店及小米公司的隐私政策内并无特别的明确和强调，且通过更换手机号测试敏感个人信息采集时，并没有针对信息采集的单独同意提示。

组织架构方面，小米应用商店的隐私保护组织架构完善，有专门的个人信息保护机构、联系方式，未成年个人信息保护也注明了专门团队并有相关特殊政策。但截至 2022 年 10 月 27 日，没有公开资料显示小米设立了外部独立监督机构。

合规实践方面，个人信息存储期限最小化表述在应用商店隐私政策中并未提及，小米公司隐私政策表述模糊，没有举例具体法律或天数。

针对如何处理存储的个人信息，应用商店承诺“个人信息在完成收集目的，或在我们确认您的删除或注销申请后，或我们终止运营相应产品或服务后，我们将停止保留，并做删除或匿名化处理。”

针对个人信息传输，小米也承诺第三方共享情形下，“我们将采取加密等手段保障您的信息安全。”在用户首次进入 App 时，第三方 SDK 清单会附在隐私政策内，用户必须同意才能使用应用。

小米应用商店的个性化推荐开启后，应用商店表现为推荐应用，个性化关闭后，该栏目将会消失。值得注意的是，在功能开启时，如果不感兴趣无法反馈取消或更换。

小米应用商店的个人行权的申请和处理基本可以通过小米隐私支持 https：//privacy. mi. com/support 完成。在选择具体选项后，小米会提供相应的解决方案，如果无法解决，则可以直接联系服务团队。

平台治理方面，小米对应用开发者进行了规制，在上传应用前需要同意开发者协议，保护用户个人信息。

此外，根据公开资料检索发现应用商店会定期对应用进行抽检。

社会责任方面，小米于 2022 年 3 月发布了年报，其中一部分为社会责任报告，设立了一节提及企业对个人信息保护的举措。

（四）网易云音乐

制度体系方面，网易云音乐隐私政策不能下载。可以通过个人信息收集和使用清单查看具体使用场景，值得注意的是，网易云音乐的简明版隐私政策有图标形态展示。

针对个人行权，网易云音乐在隐私政策中提供了相应部门的邮箱用以申请。针对个人信息的共享、转让、公开等行为，小米在第三方 SDK 目录中列明了名称、目的、处理方式等情况。

而在信息分类管理机制上，敏感个人信息和个人信息在隐私协议中通过加粗与否区分，通过调用相机可以发现敏感个人信息会要求单独同意。

组织架构上，网易云音乐有内部个保部门，且设置了儿童个人信息保护专员；但截至 2022 年 10 月 27 日，公开资料显示暂无外部监督机构。

合规实践上，网易云音乐虽声明会对用户个人信息做技术处理，但并未明示存储期限，表述为“所述目的所必需且最短时限内存储您的信息”。

个人信息传输中，其在隐私政策多处承诺会采取技术手段处理，第三方个人信息处理清单会在初次使用 App 时显示，并展示接收方的处理目的和方式。

网易云音乐可以关闭个性化推荐，在功能开启时，不喜欢的类目可以点击不感兴趣进行推荐调整。

针对个人行权，用户被支持在 App 中查阅、更正、撤回、删除个人信息；注销账号有 7 天犹豫期。值得注意的是，询问客服后被告知用户个人信息不能复制。

平台治理上，网易云有主播规则进行规制，违法违规主播会进行相关处理，但并未检索到是否抽检。

社会责任上，网易云于 2022 年 6 月发布社会责任报告，设置个人信息保护专节提及相关举措。

（五）快手

第一次测评 25 分，二次复测后 32 分（2022 年 10 月 27 日）（注：因第一次测评分数不高于 30 分，故进行复测）。二次测评对部分选项的分数进行调整，其余选项测评结果与第一次测评结果相同。调整测评选项如下：

制度体系方面，快手的隐私政策可在快手隐私保护平台下载，故 1. 1. 2 项测评由第一次的 0 分调整为 1 分。

个人信息收集清单、第三方数据合作清单介绍了对外共享、转让、公开的个人信息类型，故 1. 1. 6 调整后为 1 分。

组织架构方面，根据快手隐私保护平台提供的信息显示，其设立了个人信息保护机构“隐私保护工作组”，提供了联系邮箱，故 2. 1. 1 和 2. 1. 2 分别记 1 分。

合规实践方面，个人信息存储方面仅表示将在最短期限内保留个人信息，并未进行具体说明，故由原来的 1 分调整为 0 分。

平台治理方面，在平台规则上，根据《开放平台安全开发规范》，快手明确平台内服务者收集个人信息的规范，故 4. 1. 1 由原来的 0 分调整为 1 分。

社会责任报告方面，2022 年 6 月，快手科技发布《2021 年度企业社会责任报告》，提及未成年人隐私保护内容，故 5. 2 报告发布共赋 2 分。

（六）携程

在制度体系方面，隐私政策可以便捷地查阅，但不能下载，收集个人信息对应的各项业务场景列举得较为详细。在共享场景中，能够说明对外共享、转让、公开个人信息类型、第三方的名称和联系方式、使用目的等。第三方共享个人信息清单设置了单独的入口，能够直接点击跳转至第三方平台及第三方隐私政策。未成年人保护方面，制定了专门的《携程儿童个人信息保护规则及监护人须知》。

对敏感个人信息作出了特别标注。敏感个人信息的单独同意授权方面，在权限调用时会出现弹窗（如位置授权），在实名认证环节，涉及真实姓名、身份证时，以勾选同意《身份信息验证服务协议》的形式获得授权。

组织架构方面，成立了专门的个人信息保护团队，同时负责成年人及未成年人的个人信息保护，有专门的反馈邮箱和地址。设立“个人信息保护外部监督专家团”，向社会公开招募成员。

合规实践方面，存储期限表述比较模糊，“我们仅在本政策所述目的所必需且最短的期间内，或法律法规要求的时限内保留您的信息”，还引用了电商法的规定。个人行权方面，查询、更正、删除的路径很详细，但获取副本需要单独申请，不能自行复制、下载。个人信息收集清单有单独的入口，下设个人基本信息、身份证明信息、用户行为信息等，以表格方式呈现具体收集了用户的哪些信息类型，可读性强，便于查阅。

平台治理方面，官网有《客户信息和数据安全规范》，但属于内部资料，无法查看具体内容。个人信息保护违规公示、停止服务等未见公开资料。

个人信息社会责任报告方面，没有公开发布相关报告。

总体而言，携程个人信息保护制度体系完整性较高，能够对个人信息进行基本的分类管理，对于敏感个人信息有特别标注，在权限调取时会征求用户单独同意。个人行权便捷度较高，尤其是个人信息收集清单、第三方共享个人信息清单呈现的内容具体清晰，便于用户查阅。平台治理及社会责任报告方面仍有提升空间。设立个人信息保护独立监督机构是亮点。

（七）滴滴出行

在制度体系方面，隐私政策可以便捷地查阅和下载，收集个人信息对应的各项业务场景列举得较详细。在共享场景中，能够说明对外共享、转让、公开个人信息类型、第三方的名称和联系方式、使用目的等。未成年人保护方面，针对未成年人设置了专门的章节。对敏感个人信息作出了特别标注，平台调用位置、相机、麦克风等权限时需获得用户的单独同意。此外，以顺风车车主注册的方式测评，涉及身份证、驾驶证等信息时，没有明显的单独同意提示，仅在下方作出了说明。

组织架构方面，设立了信息安全委员会和个人信息保护反馈邮箱，但未找到关于设立独立监督机构的公开信息。

合规实践方面，整体的存储期限表述较模糊，只说按照法律法规，没有明确具体哪部法律，但是对录音录像有规定，制定了专门的《录音录像信息处理协议》，录音保存 7 天，录像保存期限为 15 天至 6 个月不等。个人信息传输采取加密措施保护数据安全。能够自行关闭个性化推荐、“猜你想去”、常用上下车点等功能。个人行权方面，行使个人信息查阅、更正、撤回同意等权利较便捷，删除需要联系客服申请，但未提及复制和下载权。

平台治理方面，“服务协议及个人信息处理规则”中包含了网约车聚合平台、顺风车的隐私政策，但基本是各平台自身的隐私制度，而不是滴滴作为管理者来规范经营者的个人信息处理行为。个人信息保护违规公示、停止服务等未见公开资料。

个人信息社会责任报告仍待进一步落实，个保法实施后没有公开发布相关的报告。

总体而言，滴滴个人信息保护制度体系完整性较高，能够对个人信息进行基本的分类管理，对于敏感个人信息有特别标注，权限调取能做到单独同意，但涉及身份证、手机号等敏感个人信息的单独同意提示仍需进一步落实。个人行权便捷度有待提升，行使删除权利需要单独向客服申请，复制和下载也存在一定困难。在平台治理层面，目前仅做了平台内经营者的政策聚合，需进一步加强管理职能，规范经营者处理个人信息的行为。此外，社会责任报告是薄弱项，没有关于个人信息保护的相关内容。

（八）顺丰

在制度体系方面，隐私政策可以便捷地查阅，但不能下载。收集个人信息对应的各项业务场景列举得较详细，以表格形式进行说明简单清晰。隐私政策概要、个人信息收集、第三方信息共享、权限清单都设置了单独的入口，便于用户查询。

在共享场景中，能够说明对外共享、转让、公开个人信息类型、第三方的名称、联系方式、使用目的等。未成年人保护方面，制定了专门的《儿童个人信息保护规则》。对敏感个人信息作出了特别标注，以加粗的形式凸显。调取位置、麦克风、相机等权限时会做弹窗说明，征求单独同意，在涉及手机号注册时使用的是勾选同意隐私政策的方式，单独同意的提示不明显。此外还提及了对去世用户的个人信息保护。

组织架构方面，成立了专门的个人信息保护团队，同时负责成年人及未成年人的个人信息保护，有专门的反馈邮箱和地址。未找到关于设立独立监督机构的公开信息。

合规实践方面，隐私政策中未提及存储最小期限，表述较模糊，仅提到将产品所需个人信息根据不同的合法处理理由所需的保存期限进行保存。安全防护措施方面，采取了加密技术等确保数据保密性。个人行权便捷度有待提升，隐私政策中包含关于查阅、复制和转移的规定，但在 App 界面难以自行操作导出个人信息，需要通过邮件等方式向平台申请。个人信息收集清单以表格形式呈现，可读性较强，但表述仍需具体化，目前展示的个人信息类型没有对应到用户个人，仅作笼统概述。

平台治理方面，对于员工，顺丰要求所有快递从业人员均需签署《员工信息安全承诺书》，对公司数据、客户信息及隐私、员工个人信息等做出有关信息安全与保密的承诺，不涉及针对平台内产品或者服务提供者收集个人信息的规则。平台内有入驻的华为商城、荣耀商城等，但顺丰未以管理者身份对入驻商城作出个人信息处理行为规范。在公开资料中未找到关于个人信息保护的抽检和违规公示。

个人信息社会责任报告方面，没有公开发布专门的个人信息社会责任报告。在企业社会责任报告中提到了关于数据安全治理的部分，但主要从数据安全角度出发，在其中没有明确其所提供服务涉及的类型及对应的收集个人信息类型。

总体而言，顺丰个人信息保护制度体系完整性较高，能够对个人信息进行基本的分类管理，对于敏感个人信息有特别标注，在权限调取时会征求用户单独同意，但涉及手机号、姓名等信息时，单独同意提示不明显。隐私政策中还包含了对去世用户的个人信息保护，是其亮点之一。

“个人信息收集清单”以个人信息类型为分类维度，能清晰地列举对应的使用目的及场景，但没有明确到用户个人被收集了哪些具体信息，用户难以自行操作导出，个人行权便捷度需进一步提升。对于平台内经营者需进一步落实管理职能，做好个人信息处理行为的相关规范。社会责任报告关于个人信息保护的表述较为笼统，主要从数据安全的角度出发，未清晰列举平台服务对应收集的个人信息类型。

（九）新浪微博

制度体系方面，微博的隐私政策可以通过“我—设置—隐私政策”进行查询，较为便捷；但是隐私政策下载并不方便。《个人信息收集清单》简单清晰展示了所收集的个人信息。第三方 SDK 详细介绍了个人信息接收方的名称、处理目的和处理方式，没有看到个人信息接收方的联系方式。隐私政策中通过加粗方式区分敏感个人信息和一般个人信息。在第一次使用的时候，微博 App 单独弹窗以获取通讯录、相机等权限。隐私政策可以看到根据业务场景完整列举收集的个人信息类型。

未成年人个人信息保护方面，微博设有专门文件《微博儿童个人信息保护政策》。

组织架构方面，微博 2021 年成立微博安全合规与数据安全专职团队，提供电话、邮箱和通讯地址。目前并未发现微博有专门团队负责未成年人个人信息保护。在个人信息保护的独立监督机构设置上，通过公开检索并未发现相关信息。

合规实践方面，微博表示通过加密技术、隔离技术等技术措施以保障个人信息安全。存储期限方面介绍较为笼统，仅表示将根据法律法规规定的期限进行保存，超出法定保存期限将做删除或匿名化处理。在个人信息传输过程中，第三方合作清单在账号注册时需要勾选，根据显示内容可见，约定了使用目的和信息处理规则。

对于个性化推荐，微博可以选择“不感兴趣”按钮，“隐私设置”可以关闭个性化内容推荐及广告推荐。

在公众查阅、复制、更正、撤回、删除及注销账户个人权利实现上，有专门章节提及，即“六、您的个人信息主体权利”。根据相关表述，这六项权利可由用户自行操作。

平台治理方面，平台规则方面，目前发现微博仅在商家入驻的《商家入驻协议》中笼统地对个人信息保护做了要求，未发现其他专门规定，故 4 平台治理方面未给分。

社会责任报告方面，微博 2022 年 8 月 2 日发布了《微博 2021 环境、社会及公司治理》报告，部分章节内容提及个人信息保护。遗憾的是，此份报告未对平台所提供服务涉及的类型、主要服务应用、收集个人信息类型做详细介绍。

三　一般

（一）小红书

制度体系方面，小红书的隐私政策可以通过“我—设置—关于小红书”进行查询，但是隐私政策下载并不方便。隐私政策详细说明各项收集的个人信息类型，同时“我—设置—个人信息收集清单”简单清晰展示了所收集的个人信息。小红书的隐私政策正文用表格详细展示所调用的权限及对应的业务功能。

第三方信息共享清单详细介绍了个人信息接收方的名称、处理目的和处理方式，未提供个人信息接收方的联系方式。隐私政策中通过加粗方式区分敏感个人信息和一般个人信息。在第一次使用的时候，小红书 App 单独弹窗以获取通讯录、相机等权限。

未成年人个人信息保护方面，小红书有专门文件《小红书儿童/青少年个人信息保护规则》。

组织架构方面，小红书隐私政策并未提及是否设立个人信息保护机构，但隐私政策下方提供联系方式。小红书在《儿童/青少年个人信息保护规则》中表示，派专人负责儿童信息保护。在个人信息保护的独立监督机构设置上，通过公开检索并未发现相关信息。

合规实践方面，小红书表示将积极建立数据分类分级制度、数据安全管理规范、数据安全开发规范来管理规范个人信息的存储和使用。存储期限方面介绍较为笼统，仅表示在合理必要期限内存储个人信息，超出上述期限将做删除或匿名化处理。在个人信息传输过程中，第三方合作清单在账号注册时需要勾选，根据显示内容可见，约定了使用目的和信息处理规则。

对于个性化推荐，小红书内容长按可以选择“不感兴趣”按钮，“隐私设置”的个性化选项可以自由关闭。

在公众查阅、复制、更正、撤回、删除及注销账户个人权利实现上，有专门章节提及，即“四、您如何管理您的个人信息”以及“五、您如何注销您的账号”。根据相关表述，这六项权利可由用户自行操作。对于“实名认证后的信息、您的部分使用记录及有关信息”需通过邮件联系专人进行处置。

平台治理方面，规则中心未发现个人信息明确规范，《小红书店铺服务协议》提及用户个人信息保护，归属于笼统介绍，不属于4.1.1提出的明确，故未给分。

社会责任报告方面，小红书并未发布相关社会责任报告。

（二）云闪付

制度体系方面，云闪付的隐私政策不能下载。针对各项功能、场景，云闪付隐私协议及相关附件列明了收集的个人信息，但并无简明展示。

对个人信息的对外共享传输等，第三方 SDK 清单中列明了名称、处理目的等，但处理方式未完全列出，部分第三方隐私协议无法跳转。此外，云闪付提供了未成年个人信息保护相关文本。

个人信息分类管理机制上，敏感信息的调用会要求用户授权，在隐私协议中有提及个人信息与敏感个人信息区分。

组织架构上，云闪付设立了个人信息保护工作机构并提供了电话、邮箱等联系方式，但并未设立未成年个人信息保护的专门团队。截至 2022 年 10 月 27 日，公开资料并未显示云闪付设立了独立外部监督机构。

合规实践方面，云闪付承诺信息会采用技术手段如不可逆的加密等进行存储、隔离。对存储期限，云闪付称期限依据《银行卡组织和资金清算中心反洗钱和反恐怖融资指引》，“对您的个人身份信息保存 5 年，交易信息保存 5 年，对银联清算核心业务系统中的您的个人身份信息及清算业务数据保存 15 年”。针对个人信息传输，云闪付第三方清单列明了处理目的和处理方式，针对初次使用应用的新用户，云闪付会弹出隐私协议，其中附有 SDK 清单，用户需要同意。

对于个性化，云闪付可以设置开启关闭，但是不存在自动化决策结果的反馈渠道。

对于个人行权，隐私协议中列明了不同信息应如何查阅、更正、撤回同意、删除和注销，但是未提示应如何复制。

平台治理方面，《银联用户协议》中指出，用户不得侵犯第三方隐私。但是针对平台内相关产品的抽检、处罚和服务停用，公开资料并未检索到。

社会责任方面，银联于 2022 年 7 月 11 日发布了社会责任报告，能在官方公众号“银联商务厦门分公司”检索到，不能下载；其中并未提及个人信息保护相关内容。

（三）拼多多

在制度体系方面，隐私政策可以便捷地查阅，但未发现可以下载和复制的选项。在列举各项业务场景对应收集的个人信息类型和第三方共享信息时列举完整，提供另外的清单附件进行详细说明，并在拼多多隐私政策摘要中以简明易懂的形式集合各类文件，然而值得注意的是，在说明个人信息接收方的联系方式上，拼多多虽然提供了链接，但是却无法直接跳转甚至复制。

针对未成年人有专门的《拼多多儿童个人信息保护规则》。对敏感个人信息作出了加粗字体的特别标注。敏感个人信息的单独同意授权方面，填写电话收件地址时进行实名认证，身份证是用户自行选择是否实名认证。相机有单独弹窗。

组织架构方面，成立了专门的个人信息保护团队，同时负责成年人及未成年人的个人信息保护，并制定了专门的《拼多多儿童个人信息保护规则》，有专门的反馈邮箱和地址，但未检索到关于设立独立监督机构的公开信息。

合规实践方面，个人信息的存储期限引用了电商法的规定，但表述比较模糊。关闭自动化推荐以及行使个人信息查阅、删除等权利都比较便捷，能够直接在 App 界面完成操作，复制操作比较麻烦，需要在《用户协定》中查找相关路径。在拒绝个性化推荐方面比较便捷，在商品列表界面点击即可完成。

平台治理方面，制定了《拼多多平台合作协议》，在第 11.13 中提及商户经营关于个人信息保护需要承担的责任，但表述比较模糊。商家违规约束规定主要针对产品质量，与个人信息保护并不相关。

个人信息社会责任报告方面，没有公开发布专门的个人信息社会责任报告，也没有查找到相关企业社会责任报告。

总体而言，拼多多的制度完整度比较高，个人行权较便捷，对于用户信息获取处理方式的公开比较详细。